MINI DICTIONNAIRE BILINGUE

FRANÇAIS / CHAT
CHAT / FRANÇAIS

Direction de la publication
Isabelle Jeuge-Maynart et Ghislaine Stora

Direction éditoriale
Catherine Delprat

Édition
Laure Sérullaz et Marie Gazagne, assistées de Marine Chouleur

Lecture-correction
Laurence Alvado et Anne Cougouille

Direction artistique
Emmanuel Chaspoul, assisté de Cynthia Savage

Mise en page
Natacha Marmouget

Couverture
Véronique Laporte

Fabrication
Anne Raynaud

ISBN 978-2-03-587891-5

Pour les éditions Larousse, le principe est d'utiliser des papiers composés de fibres naturelles, renouvelables, recyclables et fabriquées à partir de bois issus de forêts qui adoptent un système d'aménagement durable. En outre, les éditions Larousse attendent de leurs fournisseurs de papier qu'ils s'inscrivent dans une démarche de certification environnementale reconnue.

MINI DICTIONNAIRE BILINGUE

FRANÇAIS / CHAT
CHAT / FRANÇAIS

AUTEUR
DOCTEUR JEAN CUVELIER

ILLUSTRATEUR
GILLES BONOTAUX

LAROUSSE

21 RUE DU MONTPARNASSE 75283 PARIS CEDEX 06

Préface aux lecteurs

Il existe une très large gamme de dictionnaires de langues étrangères, mais aucun n'a été encore consacré au langage et à la communication avec les chats. Et pourtant, nous leur « parlons », ils nous « parlent », ils se « parlent », et il s'agit bien là d'un vrai dialogue qui s'instaure entre le chat et son maître, le maître devant décoder ce que lui « dit » son chat, et le chat, ce que lui « dit » son maître.

Les éditions Larousse ont eu l'idée de réaliser ce premier dictionnaire pratique du « langage chat », décryptant 200 situations types du comportement félin, à travers des mots-clés relatifs à la vie de tous les jours… tous soigneusement sélectionnés et classés de A à Z.

Fait en collaboration avec le docteur Jean Cuvelier, vétérinaire, et Gilles Bonotaux, dessinateur talentueux, amoureux lui aussi des animaux, ce guide donne des clés simples pour à la fois comprendre et éduquer les chats, mais aussi… les maîtres. Les dessins mettent en valeur, avec humour, des situations courantes auxquelles tout propriétaire de chat est un jour confronté. Tout en agrémentant la lecture, ces dessins permettront

Quand je joue avec ma chatte, qui sait si elle n'a pas plus de passe-temps avec moi que je n'en ai avec elle ? Nous nous divertissons de singeries réciproques, et si j'ai mon heure pour commencer ou refuser, aussi a-t-elle la sienne.

Montaigne, *Essais*, livre II, chapitre 12

de reconnaître certaines situations vécues et de rectifier, au besoin, les erreurs de communication et de langage qui perturbent les relations entre le maître et son chat.

Gracieux, stylé, intelligent, hypersensible, mystérieux, indépendant et d'une grande discrétion, le chat, malgré sa petite taille, a gardé toute la félinité de ses cousins sauvages. C'est sans doute pour cela qu'il a supplanté le chien dans le cœur de beaucoup d'humains. À la fois Docteur Jekyll et Mister Hyde, il nous surprend par ses réactions inattendues, parfois violentes. Et c'est là qu'une maîtrise du langage félin et de ses subtilités est d'un grand secours. Elle permet de comprendre les raisons d'un tel comportement et souvent d'y remédier par un changement d'attitude, voire un réaménagement de l'environnement du chat.

Comprendre et se faire comprendre de son animal sont les deux défis auxquels sont confrontés tous les propriétaires de chats. Ce dictionnaire, inédit dans sa démarche, est conçu pour les y aider.

Petit mode d'emploi

Pour chaque terme du dictionnaire, vous trouverez une situation de la vie courante et ce qu'elle pourrait signifier pour le chat en langage humain.

- Dans la 1re partie CHAT FRANÇAIS (p. 8 à 195), il s'agit de situations dans lesquelles le chat émet un message à l'intention de son maître et de la façon dont il pourrait s'adresser à son maître s'il possédait la parole.

- Dans la 2e partie FRANÇAIS CHAT (p. 196 à 293), il s'agit de situations où le maître émet un message à l'intention de son chat et ce que pourrait décoder le chat de cette situation en langage humain.

- Dans la 3e partie CHAT CHAT (p. 294 à 347), il s'agit de situations de communication entre chats et de la façon dont pourrait être traduit en langage humain le message du chat à l'attention de son ou ses congénères.

Avertissement
Cette traduction est, par définition, teintée d'anthropomorphisme, et forcément subjective.

CHAT FRANÇAIS

ABCÈS **n.m. Amas de pus bien délimité, dans un tissu ou un organe.**

• **LA SITUATION TYPE :** le chat revient chez lui avec une figure gonflée et un œil fermé.

• **CE QUE PENSE LE CHAT :** « *Avec la correction que je lui ai mise, j'espère bien que le chat du voisin ne viendra plus me narguer sur mon territoire.* »

L'avis du vétérinaire

Les abcès résultent de l'inoculation de bactéries suite à une morsure, une griffure, une piqûre, la pénétration d'un corps étranger (épillet) ou une blessure. Les chats mâles entiers, bagarreurs, y sont particulièrement sujets. Les vainqueurs présentent souvent des abcès à la face et aux membres antérieurs, et les vaincus, à la base de la queue et sur le dos. L'abcès se présente comme une tuméfaction chaude, douloureuse et rouge, puis il mûrit et devient fluctuant. Lorsqu'il est présent au niveau de la joue, il entraîne une déformation impressionnante de la face et la fermeture de l'œil. Si rien n'est fait, l'abcès finit par s'ouvrir spontanément à la surface, en laissant s'écouler un pus épais, nauséabond, sérosanguinolant et abondant. Le traitement est à la fois local (désinfection) et général (antibiothérapie).

VOIR > RIVALITÉ MASCULINE P. 338, STÉRILISATION MÂLE P. 279

AGRESSION n.f. Attaque parfois brutale portant atteinte à l'intégrité physique et/ou psychique d'un individu.

• **LA SITUATION TYPE :** le chat, enfermé dans un petit appartement, sans activité, nourri une seule fois par jour, est harcelé par les enfants.
• **CE QUE PENSE LE CHAT :** « *Avec de telles conditions de vie, pas de quoi rester zen.* »

L'avis du vétérinaire

Chez les animaux, l'agression est une composante normale du comportement. Armé de griffes et de crocs, le chat est un combattant hors pair. Ses agressions sont redoutables mais rares. Elles n'ont lieu que lorsque toute autre stratégie a échoué. L'agression se déroule classiquement en trois temps : la menace, l'agression par morsure et/ou griffure, enfin l'arrêt des hostilités après la fuite d'un des combattants. En effet, contrairement au chien, le chat ne dispose pas de position de soumission capable d'inhiber l'agressivité de son adversaire. Quand il se met sur le dos, c'est pour mieux attaquer. De mauvaises conditions d'élevage (séparation précoce de la mère, défaut de socialisation, absence de contrôle des griffures et de la morsure…) et des conditions de vie insatisfaisantes (surpopulation, manque d'espace, absence d'activité…) favorisent l'apparition de conduites agressives chez le chat.

VOIR > **AGRESSION** P. 298, **APAISEMENT** P. 302, **AUTOCONTRÔLE** P. 204, **GRIFFE** (COUP DE) P. 78, **MORSURE** P. 250, **SURPOPULATION** P. 172

ATTENTION
CHAT
AGRESSIF

◆ ***Agression par irritation*** **g.n. Attaque en réaction à une douleur, une frustration ou une contrainte.**

• **LA SITUATION TYPE :** le chat mord le vétérinaire qui lui fait une prise de sang à la patte.
• **CE QUE PENSE LE CHAT :** *« Arrête ! Tu me fais mal ! »*

L'avis du vétérinaire

L'agression par irritation est provoquée à cause d'une douleur (injection ou soin vétérinaire douloureux), d'une frustration (privation de nourriture) ou d'une contrainte comme le brossage ou simplement une séance de caresses trop longue. L'anxiété réduit le seuil de tolérance du chat et favorise les agressions par irritation. Le chat feule, crache, puis mord ou griffe s'il n'obtient pas le résultat escompté. Il peut aussi, dans le cas du chat caressé-mordeur, prévenir de l'éminence d'une attaque par un simple battement de queue. À force de répétition, la phase de menace disparaît et le chat mord ou griffe sans prévenir. Il devient alors très dangereux pour son entourage. Plus le chaton aura été manipulé dans sa jeunesse, plus son seuil de tolérance au contact sera important et meilleurs seront ses rapports avec les hommes. Le vétérinaire doit, bien sûr, mettre tout en œuvre pour limiter au maximum les manipulations douloureuses.

VOIR > **ANXIÉTÉ** P. 26, **CHAT CARESSÉ-MORDEUR** P. 42, **DOULEUR** P. 60, **FEULEMENT ET CRACHEMENT** P. 230, **GRIFFE** (COUP DE) P. 78, **MORSURE** P. 250, **PÉRIODE DE SOCIALISATION** P. 260, **VÉTÉRINAIRE** P. 186

◆ ***Agression par peur*** **g.n. Attaque violente, non contrôlée, d'un chat apeuré et dans l'impossibilité de fuir.**

• **LA SITUATION TYPE :** le chat errant couché sur le flanc, toutes griffes dehors, les oreilles en arrière, encerclé par des enfants qui tentent de l'attraper.
• **CE QUE PENSE LE CHAT :** « *Si vous approchez, ma réplique sera terrible !* »

L'avis du vétérinaire

La peur est une émotion déclenchée en présence ou à la perception d'un danger. Elle met le chat dans un état d'éveil et augmente sa capacité réactionnelle. Elle entraîne la fuite ou la riposte. L'agression par peur est d'autant plus dangereuse que le chat ne se contrôle pas. Elle survient lorsqu'il se sent menacé, quand, par exemple, son agresseur franchit la distance critique sans que l'animal puisse fuir. C'est le cas lorsqu'il est poursuivi par des enfants et coincé sous un meuble, contre le grillage du jardin ou sous une porte cochère. Le chat est en position défensive, couché sur le flanc, les oreilles plaquées en arrière et les pupilles dilatées. Il crache, feule et peut se mettre à uriner et à faire ses besoins sous lui. Si les enfants tentent de le caresser, même gentiment, morsures et/ou griffures sont garanties.
Pour prévenir ce type d'agression, il faut toujours laisser au chat une possibilité de fuite et faire en sorte qu'il apprenne à reconnaître les enfants comme ses amis. Pour cela, il doit être

mis en relation, dans un contexte positif, avec des enfants de tous âges et physiques durant la période de socialisation. Ce type d'agression est plus fréquent chez les chats anxieux.

VOIR > ANXIÉTÉ P. 26, CHAT CARESSÉ-MORDEUR P. 42, DISTANCE CRITIQUE ET DISTANCE DE FUITE P. 58, PÉRIODE DE SOCIALISATION P. 260, SYNDROME DU TIGRE P. 174

◆ ***Agression redirigée*** **g.n. Attaque dirigée vers un objet ou un être vivant n'ayant aucun rapport avec l'événement déclencheur inaccessible.**

• **LA SITUATION TYPE :** le chat, nargué à travers la fenêtre par le chat du quartier, mord son maître qui veut lui faire une caresse.
• **CE QUE PENSE LE CHAT :** « *J'ai rien trouvé de mieux pour me défouler !* »

L'avis du vétérinaire

Ne pouvant décharger son agressivité sur le chat ou le chien du voisin qui le nargue, le chat s'en prend au premier être vivant qu'il croise sur son chemin. L'agression redirigée est d'autant plus surprenante et incompréhensible que le stimulus déclencheur peut être un bruit, une odeur, une vision, l'arrivée d'un étranger… et que l'attaque peut avoir lieu plusieurs heures après. La relation de cause à effet est alors quasi impossible à effectuer. Si votre chat semble agité et excité pour une raison indéterminée, laissez-le se calmer en mangeant ou en se toilettant tranquillement et proposez-lui une activité ludique. Puis, une fois la pression retombée, attendez qu'il vienne vers vous. Vous pourrez alors le prendre sans risque dans les bras pour un gros câlin.

VOIR > AGRESSION P. 12, STRESS P. 280

ALIMENTATION (REFUS D') n.f. Apport de nourriture indispensable au bon fonctionnement d'un organisme.

• **LA SITUATION TYPE :** le chat, de retour chez lui, refuse de manger l'aliment qu'il a reçu lors de son hospitalisation.
• **CE QUE PENSE LE CHAT :** *« Ça me rappelle trop mon séjour à la clinique. »*

L'avis du vétérinaire

Le chat est un fin gourmet au palais délicat, tout le monde en convient, mais le refus d'un aliment n'est pas toujours lié aux piètres qualités gustatives de ce dernier. Il peut être provoqué par son association avec un événement désagréable. C'est, par exemple, le cas d'un aliment à l'origine de troubles digestifs ou distribué en pension ou lors d'une hospitalisation. Ce dégoût s'installe très vite et peut durer plusieurs mois, voire toute une vie. Lors d'une hospitalisation, toujours stressante pour le chat, il est donc préférable, sauf avis médical contraire, de lui distribuer l'aliment auquel il est habitué. Et si, par la suite, il est nécessaire de changer son régime pour une alimentation diététique, il est recommandé d'attendre qu'il soit rétabli et rentré dans son foyer. Dans tous les cas, la transition entre l'ancien et le nouvel aliment doit se faire sur plusieurs jours, en introduisant chaque jour un quart supplémentaire du nouvel aliment dans la ration. Au 4e jour, ne donnez plus que le nouvel aliment à votre chat.

Cette transition limite les refus et permet au tube digestif de s'habituer en douceur à la composition du nouvel aliment.

VOIR > **ALIMENTATION** P. 198, **GAMELLE** P. 74,
HOSPITALISATION P. 236

ALOPÉCIE n.f. Chute ou absence, partielle ou généralisée, des cheveux ou des poils.

- **LA SITUATION TYPE :** le chat se lèche, de façon excessive, jusqu'à s'arracher les poils.
- **CE QUE PENSE LE CHAT :** « *Me lécher m'apaise !* »

L'avis du vétérinaire

La peau et le pelage sont un peu le reflet de l'état d'âme du chat. Un chat heureux et en bonne santé aura un beau pelage. Inversement, un chat anxieux, mal dans sa peau, aura tendance à se lécher et à se mordiller sans arrêt pour diminuer son mal de vivre. Cela se traduit par des zones plus ou moins étendues (flanc, abdomen, zone entre les cuisses) où le poil est plus court, voire totalement absent : on parle alors d'alopécie extensive féline. Ces signes cutanés sont souvent associés à d'autres signes d'anxiété (agression, marquage, malpropreté, boulimie…) et en particulier à l'onychophagie (se ronger et s'arracher les griffes). Toutes les races sont touchées avec une plus grande fréquence chez les siamois, orientaux, burmeses et abyssins. Toutefois, il est important, avant de conclure à un trouble purement comportemental, d'exclure les principales maladies cutanées à l'origine de chute de poils (allergies, teigne, parasites externes…). Dans tous les cas, quelle que soit la cause des troubles cutanés, il convient de veiller à ce que le chat ait des conditions de vie les plus proches de son mode de vie naturel.

VOIR > **ANXIÉTÉ** P. 26, **ONYCHOPHAGIE** P. 126, **PUCE** P. 149, **TEIGNE** P. 284, **TOILETTAGE** P. 180, 292

Mais comment
fais-tu ça ?

AMAIGRISSEMENT **n.m. Perte de poids anormale en l'absence de régime.**

- **LA SITUATION TYPE :** le chat se met à perdre du poids.
- **CE QUE PENSE LE CHAT :** « *Vas-tu enfin comprendre que ma santé vacille ?* »

L'avis du vétérinaire

Le poids est un excellent baromètre de la santé. Une fois adulte, celui du chat doit rester stable à condition, bien sûr, que l'animal soit à son poids idéal (ni trop gros ni trop maigre, côtes palpables sous une fine couche de graisse, taille visible). Il peut varier de 3 à 9 kg en fonction de la race du chat. Pour avoir une base de comparaison, notez son poids sur son carnet de vaccination à chacun de ses anniversaires. Une perte de poids de plus ou moins 200 g en fonction des saisons et de l'activité, surtout si le chat a accès à l'extérieur, est normale. En revanche, une variation à la baisse plus importante nécessite un examen clinique. L'insuffisance rénale chronique, le diabète sucré à un stade avancé, l'hyperthyroïdie et les cancers sont des causes fréquentes d'amaigrissement.

VOIR > ANOREXIE P. 23, DIABÈTE SUCRÉ P. 57, HYPERTHYROÏDIE P. 89, INSUFFISANCE RÉNALE CHRONIQUE P. 90

ANOREXIE n.f. Perte ou diminution de l'appétit pouvant être causée par des médicaments, un trouble du comportement ou une maladie.

- **LA SITUATION TYPE :** le chat tout maigre devant sa gamelle.
- **CE QUE PENSE LE CHAT :** « *Je n'ai pas d'appétit.* »

L'avis du vétérinaire

Avant de vous inquiéter devant une baisse d'appétit de votre chat, assurez-vous qu'il n'ait pas pris pension chez le voisin ou qu'il ne soit pas « amoureux » de sa chatte. L'amour coupe parfois l'appétit !
L'attitude à adopter face à un chat sans appétit dépend des éventuels signes associés et de sa température rectale.
> Aucun signe ni événement n'est associé à son manque d'appétit. Prenez-lui alors sa température. Utilisez un thermomètre électronique (l'embout est très fin), enduisez-le de vaseline et enfoncez-le à une profondeur d'au moins 2 cm (sinon, vous risquez de sous-estimer sa température).

1. Sa température est normale (entre 37,5 et 39 °C). Ouvrez-lui une nouvelle boîte ou changez-lui ses croquettes (un aliment servi et non consommé perd rapidement de sa saveur), ou essayez de l'allécher en lui servant la nourriture qu'il adore (saumon, poulet…) ou un nouvel aliment (le chat adore la nouveauté). Si, au bout de 24 heures, sa gamelle n'est toujours pas vide, consultez votre vétérinaire.
2. Sa température est anormale (entre 39 et 40 °C), mais il se comporte comme d'habitude. Reprenez-lui sa température

24 heures plus tard. Si elle n'a toujours pas baissé, consultez votre vétérinaire.

3. Sa température est anormalement élevée (supérieure à 40 °C) et il est très abattu. Recouvrez-le d'une serviette humide et ventilez-le pour faire tomber rapidement sa fièvre. Au-dessus de 41 °C, des lésions neurologiques peuvent apparaître. Conduisez-le en urgence chez le vétérinaire.

La présence d'une fièvre sans signe clinique apparent, mis à part une baisse d'appétit, est assez fréquente chez le chat. En fonction du contexte clinique, le vétérinaire envisagera différents types d'examens complémentaires (analyse d'urine, bilan sanguin, recherche d'affections virales par tests sanguins, radiographie, échographie...).

> La baisse d'appétit est associée à d'autres symptômes : augmentation de la soif, diarrhée, vomissements, éternuements, salivation, toux, difficultés à uriner, trouble du comportement... N'attendez pas, même s'il n'a pas de fièvre, consultez rapidement votre vétérinaire.

> La baisse d'appétit suit un événement dramatique dans la vie du chat : perte du maître ou d'un compagnon de jeu, abandon, déménagement, voyage, agression violente... Il peut s'agir d'une dépression aiguë. Dans ce cas, le chat présente en plus une baisse d'activité, de la malpropreté et ne se toilette plus. Consultez rapidement votre vétérinaire.

Attention, le chat, surtout s'il est obèse ou diabétique, supporte très mal l'anorexie ; après une semaine de jeûne, les complications hépatiques sont fréquentes. N'attendez pas pour consulter votre vétérinaire.

Dans tous les cas, ne distribuez jamais de médicaments (antibiotique, anti-inflammatoire…) sans l'avis du vétérinaire. Cela pourrait cacher la maladie et ralentir son diagnostic.

VOIR > ALIMENTATION P. 18, 198, DÉPRESSION AIGUË P. 54, GAMELLE P. 74

ANXIÉTÉ n.f. État pathologique se traduisant par une émotion proche de la peur, mais se manifestant sans raison apparente.

- **LA SITUATION TYPE :** le chat, suite à l'arrivée d'un nouveau congénère, s'isole et passe son temps à se lécher.
- **CE QUE PENSE LE CHAT :** « *J'étais bien mieux seul chez moi !* »

L'avis du vétérinaire

L'anxiété est un trouble émotionnel fréquent chez le chat. Elle se caractérise par un sentiment de peur face à un péril de nature indéterminée. Elle doit être distinguée de la peur qui est une réponse adaptative à une situation menaçante réelle. Le chat anxieux présente des troubles organiques (cardiaque, digestif, urinaire) et comportementaux (anorexie, boulimie, hypervigilance, irritabilité, agressivité, marquage, malpropreté, toilettage exacerbé, onychophagie, hypersensibilité de la peau…). L'anxiété peut être intermittente ou permanente. Non traitée, elle peut évoluer vers une dépression.

VOIR > **AGRESSION** P. 12, 238, **ANOREXIE** P. 23, **ANXIÉTÉ DE DÉTERRITORIALISATION** P. 27, **ANXIÉTÉ EN MILIEU CLOS** P. 27, **BOULIMIE** P. 36, **COHABITATION** P. 215, 314, **DÉPRESSION** P. 54, **ENVIRONNEMENT** P. 63, **HYPERSENSIBILITÉ DE LA PEAU** P. 88, **MALPROPRETÉ** P. 104, **MARQUAGE** P. 108, **ONYCHOPHAGIE** P. 126, **PEUR** P. 262, **TOILETTAGE** P. 180, 292

◆ ***Anxiété de déterritorialisation*** **g.n. Anxiété résultant d'une perturbation du territoire.**

• **LA SITUATION TYPE :** suite à un déménagement, le chat plus agressif se met à uriner, à griffer le mobilier et les murs.
• **CE QUE PENSE LE CHAT :** « *J'ai perdu tous mes repères !* »

L'avis du vétérinaire

La disparition de ses marques territoriales, suite à un déménagement, des travaux de décoration ou un changement de mobilier, est très stressante pour le chat. Le marquage urinaire est alors une réaction normale. Si le maître n'aide pas le chat à retrouver ses marques, mais, au contraire, le punit, cet état de stress normalement passager peut évoluer vers une véritable anxiété.

VOIR > **DÉMÉNAGEMENT** P. 52, **MARQUAGE URINAIRE** P. 112, **STRESS** P. 280, **TERRITOIRE** P. 176

◆ ***Anxiété en milieu clos*** **g.n. Anxiété liée à un milieu de vie trop petit et fermé.**

• **LA SITUATION TYPE :** le chat court de long en large dans l'appartement à la tombée de la nuit.
• **CE QUE PENSE LE CHAT :** « *Il faut bien que je me défoule !* »

L'avis du vétérinaire

Cette forme d'anxiété se rencontre chez le chat d'appartement qui n'a pas accès à l'extérieur (en particulier s'il a vécu sa jeunesse à la campagne) ou vit seul toute la journée. Elle se traduit par des crises de folie à l'aube ou au crépuscule, des agressions prédatrices (le chat, en embuscade, bondit sur les chevilles de son maître comme s'il s'agissait d'une souris), des agressions par irritation, un toilettage intempestif, de la malpropreté et du marquage urinaire. Les punitions reçues, suite aux agressions, détériorent les relations avec son entourage et aggravent la situation.

Quelques aménagements simples permettent de rendre la vie d'un chat d'appartement plus agréable et préviennent l'apparition d'un tel comportement.

> Si vous possédez un balcon ou une terrasse protégés, laissez votre chat y circuler.

> Procurez-lui un arbre à chat avec toutes les options : cachettes, griffoir… Parsemez votre habitation de jeux : bouchon suspendu, fausse souris…

> Offrez-lui un spectacle vivant permanent : aménagez-lui une place devant la fenêtre, branchez-lui la télévision…

> Donnez-lui une alimentation en libre-service pour satisfaire son envie naturelle de grignoter tout au long de la journée.

> Associez son alimentation et le jeu grâce à des boules percées qui laissent échapper les croquettes quand on les manipule.

VOIR > **AGRESSION PAR IRRITATION** P. 14, **ALOPÉCIE** P. 20, **APPARTEMENT** P. 30, **MALPROPRETÉ** P. 104, **MARQUAGE URINAIRE** P. 112, **SOURIS** P. 277, **SYNDROME DU TIGRE** P. 174, **TOILETTAGE** P. 180, 292

Chat-Zen

APPARTEMENT (VIE EN) n.m. Habitation sans jardin comportant plusieurs pièces et située dans un immeuble collectif.

- **LA SITUATION TYPE :** le chat escalade son arbre à chat.
- **CE QUE PENSE LE CHAT :** « *Super, ce terrain multisports !* »

L'avis du vétérinaire

La vie en appartement, exception faite de certaines races comme le persan, habitué depuis des générations à vivre dans un espace restreint, n'est pas naturelle pour un chat. Pour rendre heureux votre chat d'intérieur, vous devez faire en sorte qu'il puisse exprimer son comportement naturel de félin.

> Chasser : le chat est un prédateur. Achetez-lui des jouets ressemblant à ses proies naturelles (souris en fausse fourrure, une boule de papier d'aluminium ou un bouchon de champagne feront aussi très bien l'affaire) et jouez avec lui plusieurs fois dans la journée.

> Grignoter : le chat est un grignoteur. Il peut faire jusqu'à 16 repas par jour. Pour l'occuper en votre absence, cachez dans votre habitation plusieurs petites gamelles remplies de quelques croquettes. Veillez toutefois à ne pas dépasser la quantité journalière recommandée ; sinon, gare à l'obésité !

> Dormir : le chat dort de 12 à 16 heures par jour. Il aime le confort et la variété. Placez-lui plusieurs paniers ou couvertures à des endroits différents : près du radiateur, devant la fenêtre…

> Se dépenser : le chat aime l'exercice physique. Offrez-lui un grand arbre à chat où il exercera ses talents de grimpeur. Certains

Ailleurs, l'herbe est toujours plus verte!

font également office de grattoir, de cachettes, de terrain de jeu, de lieu de repos… Augmentez la surface disponible pour votre chat en installant ou en dégageant certaines étagères.
> *Griffer* : le griffage fait partie du comportement de marquage normal du chat. Le griffoir idéal est stable, recouvert d'un matériau attractif, en général du sisal, et assez haut pour que le chat puisse s'étirer de tout son long. Placez-le près des lieux de repos et des endroits de passage.
> *Se cacher et observer* : le chat adore se planquer et surveiller son territoire sans être vu. Aménagez-lui une place entre deux rangées de livres dans la bibliothèque…
> *Éliminer* : le chat aime faire ses besoins en toute intimité. Placez son bac dans un endroit calme, accessible, et à une distance minimum de 2 m de sa gamelle. Il a horreur de manger là où il fait ses besoins. Veillez également à ôter les selles tous les jours et à nettoyer le bac à l'eau de Javel une fois par semaine. Le chat est un maniaque de la propreté.

VOIR > **ANXIÉTÉ EN MILIEU CLOS** P. 27,
GAMELLE P. 74, **GRIFFOIR** P. 233, **LITIÈRE** P. 98,
OBÉSITÉ P. 120, **PROPRETÉ** P. 148, 330,
SOMMEIL P. 170

APPÉTIT n.m.

VOIR > **ALIMENTATION** P. 18, 198, **ANOREXIE** P. 23,
BOULIMIE P. 36, **DÉPRESSION** P. 54,
SYNDROME DU TIGRE P. 174

ARTHROSE **n.f. Maladie chronique et douloureuse des articulations des chats âgés.**

• **LA SITUATION TYPE :** le chat regarde la table sans pouvoir grimper dessus.
• **CE QUE PENSE LE CHAT :** « *Mes articulations me font mal !* »

L'avis du vétérinaire

L'arthrose est due à une usure du cartilage. Elle peut être liée au vieillissement des articulations ou apparaître suite à des traumatismes (fracture, rupture ligamentaire…), des malformations articulaires ou une infection. Elle touche 90 % des chats de plus de 12 ans. Elle se traduit par un manque d'entrain, une irritabilité, des difficultés à grimper sur les meubles et à se toiletter, une fourrure négligée et, parfois, une boiterie. La radiographie permet de déceler des anomalies articulaires. Les anti-inflammatoires réduisent la douleur et ils sont souvent associés à des protecteurs du cartilage. L'amaigrissement permet de soulager les articulations. La chirurgie est nécessaire pour corriger une malformation articulaire ou réparer une déchirure ligamentaire. Pour aider votre chat dans sa vie quotidienne, mettez-le au régime s'il souffre d'embonpoint et aménagez son environnement : installez-lui un plan incliné pour grimper sur le muret du jardin, un tabouret pour sauter sur le lit, un bac plus grand et facile d'accès ; placez ses gamelles au niveau du sol et procurez-lui un lieu de repos chaud et confortable.

VOIR > **OBÉSITÉ** P. 120, **SÉNILITÉ** P. 167

BAVE n.f. Liquide visqueux s'écoulant de la bouche du chat et déclenchant une panique de l'entourage.

• **LA SITUATION TYPE :** en consultation chez le vétérinaire, le chat se met subitement à baver.

• **CE QUE PENSE LE CHAT :** *« Quel stress ! »*

L'avis du vétérinaire

La bave est due à une production surabondante de salive. Elle fait souvent peur car la première affection qui vient à l'esprit est la rage, cette maladie virale mortelle transmissible à l'homme par morsure ou griffure. Rassurez-vous, en France, la rage est rarissime. Les principales causes de salivation chez le chat sont le stress, le plaisir (certains salivent de bonheur sous les caresses), l'absorption d'un médicament amer, l'envie de vomir, la présence d'un corps étranger ou de lésions inflammatoires dans la cavité buccale. Il n'est pas rare non plus qu'un vieux chat, dont la dentition n'est plus en très bon état, se mette subitement à saliver après s'être cassé une dent en mangeant ses croquettes. Dans tous les cas, si l'hypersalivation n'est pas due au plaisir, une consultation vétérinaire est conseillée.

VOIR > **DENTS** P. 53, **MÉDICAMENT** P. 244, **PHOBIE** P. 140

BOISSON n.f.

VOIR > **EAU** P. 62, **LAIT** P. 240

BOULE DE POILS g.n. Ensemble de poils morts avalés lors du léchage et régurgités ou éliminés dans les selles par le chat.

• **LA SITUATION TYPE :** le chat vomit un long cigare de poils.
• **CE QUE PENSE LE CHAT :** *« Enfin débarrassé de ces pelotes de poils bien indigestes. »*

L'avis du vétérinaire

Au cours de sa toilette, le chat récupère avec sa langue râpeuse une quantité importante de poils morts, surtout en période de mue. Ces poils s'accumulent dans l'estomac sous forme de pelotes, appelées « trichobézoards ». Ces boules sont alors régurgitées sous forme de long cigare de poils ou passent dans l'intestin pour être évacuées dans les selles. Elles peuvent être à l'origine de constipation, voire d'obstruction intestinale dans les cas les plus graves. Pour éviter ces inconvénients :
> Donnez à votre chat une alimentation riche en fibres « spécial élimination des boules de poils ».
> Laissez à sa disposition de l'herbe-à-chat.
> Brossez-le toutes les semaines s'il a le poil court et tous les jours s'il a le poil long, surtout en période de mue.
> Traitez-le contre les puces toute l'année.
> Donnez-lui tous les mois un traitement préventif à base de salicylate d'ésérine (en vente chez le vétérinaire).

VOIR > **HERBE-À-CHAT** P. 82, **MUE** P. 118, **PUCE** P. 149, **TOILETTAGE** P. 180, 292

BOULIMIE **n.f. Trouble du comportement alimentaire se traduisant par l'ingestion de grande quantité de nourriture.**

• **LA SITUATION TYPE :** le chat, anxieux et obèse, avale goulûment une gamelle bien pleine.
• **CE QUE PENSE LE CHAT :** « *Manger me soulage.* »

L'avis du vétérinaire

La boulimie peut être due à une ration trop appétissante ou pas assez riche (d'où l'obligation d'en consommer beaucoup), mais elle est parfois révélatrice d'un état anxieux ou d'une dépression. Elle permet au chat d'apaiser son mal de vivre. D'autres affections se traduisent également par un appétit féroce : le parasitisme digestif, plus fréquent chez les chatons (les parasites détournent à leur profit une partie de la ration), le diabète (de plus en plus répandu, qui se traduit par une augmentation concomitante de la soif) et plus rarement certaines maladies hormonales comme l'hyperthyroïdie. La boulimie peut aussi être due au maître qui surestime les besoins de son chat et lui offre à volonté un aliment très nourrissant, ou qui interprète mal ses miaulements et sollicitations. D'autant plus que la plupart des maîtres aiment voir leur chat manger. Pour éviter cela, choisissez une alimentation en libre-service sous forme de croquettes, pesez la ration journalière et surveillez son poids. Dans tous les cas, un régime diététique, inévitable pour un chat obèse, doit être associé à la recherche de la cause (alimentaire, organique ou comportementale) de la boulimie. On aura recours, en particulier, à des examens de laboratoire (analyse d'urine, de sang…).

VOIR > **ALIMENTATION** P. 18, 198, **ANXIÉTÉ** P. 26, **DÉPRESSION** P. 54, **DIABÈTE SUCRÉ** P. 57, **HYPERTHYROÏDIE** P. 89, **MIAULEMENT** P. 114, **OBÉSITÉ** P. 120, **RITUEL** P. 162, 336, **STÉRILISATION MÂLE** P. 279

BRUIT n.m.

VOIR > ENVIRONNEMENT P. 63

CAGE DE TRANSPORT g.n. Caisse en plastique ou en osier, munie d'une porte grillagée et d'une poignée, indispensable pour déplacer son chat.

• **LA SITUATION TYPE :** le chat refuse de rentrer dans sa cage de transport.
• **CE QUE PENSE LE CHAT :** *« Ici, il n'y a aucune odeur qui me rassure. »*

L'avis du vétérinaire

La cage de transport est un accessoire indispensable. Elle permet de transporter votre chat en toute tranquillité. Pour qu'il accepte d'y entrer et d'y rester, vous devez l'y habituer dès son plus jeune âge. Choisissez-en une en plastique de qualité (elle doit durer toute la vie de votre chat) et démontable pour faciliter son nettoyage. Si vous comptez faire prendre l'avion à votre chat, vérifiez qu'elle est agréée pour le transport aérien. Évitez les paniers en osier, difficiles à nettoyer et peu résistants, ainsi que les sacs étroits et mal ventilés.
> Au départ, maintenez la grille ouverte, placez à l'intérieur une couverture bien confortable, des jouets et une gamelle avec quelques croquettes. Rapidement, votre chaton curieux ira voir à l'intérieur ce qui s'y passe et pourra même y piquer un petit somme.
> Par la suite, vous pourrez l'enfermer en augmentant petit à petit le temps d'enfermement, puis le transporter. Pour que sa cage devienne comme une seconde maison, laissez-la en

permanence ouverte et accessible. Il ira s'y frotter régulièrement pour y déposer ses marques rassurantes. Vous pouvez aussi, pour le rassurer, pulvériser dans sa cage un spray à base de phéromones faciales apaisantes.

VOIR > **MARQUAGE FACIAL** P. 110, **VOITURE** P. 188

CHASSE **n.f. Action de traquer, de capturer et de tuer un animal pour se nourrir ou simplement pour le plaisir.**

• **LA SITUATION TYPE :** le chat vient déposer sa proie sur le fauteuil du salon.
• **CE QUE PENSE LE CHAT :** « *Ici, je serai tranquille pour la manger !* »

L'avis du vétérinaire

Dans la nature, le chat chasse pour se nourrir. Une fois sa proie capturée, il la dévore sur place, ou se cache pour la manger, en toute sécurité, à l'abri des prédateurs ; sinon, il la rapporte dans son refuge pour nourrir ses chatons. Aujourd'hui, le chat domestique, même repu, a gardé son instinct de chasse, tandis que sa motivation première n'est plus la faim, mais la chasse en elle-même. Il laisse alors sa proie morte sur place, après avoir joué avec elle, ou la ramène dans son foyer. Il dépose alors son trophée sanguinolent sur le paillasson, la table de la cuisine, le fauteuil, voire le lit. Les hypothèses pour expliquer un tel comportement sont nombreuses : ramener son jouet vivant à la maison, manger tranquillement sa proie sans être dérangé, la mettre à l'abri pour une consommation ultérieure ou bien enseigner à son maître, comme la mère le fait avec ses chatons, l'art de la chasse.

VOIR > CHASSE P. 212, 310

Hiiiiiiiiiiiiiii!
C'est Pour toi!
Cadeau!

CHAT CARESSÉ-MORDEUR **g.n. Agression soudaine du chat envers son maître qui est en train de le caresser.**

• **LA SITUATION TYPE :** le chat, sur les genoux, en train d'être caressé, se retourne pour mordre subitement la main de son maître.
• **CE QUE PENSE LE CHAT :** « *Je ne supporte plus tes caresses !* »

L'avis du vétérinaire

Tranquillement installé sur les genoux, le chat ronronne sous les caresses de son maître, puis subitement se retourne pour le mordre ou le griffer. Il s'enfuit alors en courant, s'arrête et présente une ondulation singulière de la peau du dos (hypersensibilité de la peau ou *rolling skin syndrome*), ou se met à se toiletter. Cette agression par irritation, *a priori* incompréhensible, survient lorsque le chat ne supporte plus le contact. Un peu comme s'il présentait un seuil maximal de caresses à ne pas dépasser. Plus votre chat aura été caressé petit (avant 9 semaines), plus il sera câlin. Si ce n'est pas le cas de votre chat, cessez les caresses dès que vous repérez les signes avant-coureurs d'une agression (pupilles dilatées, battement de queue, raideur du corps, oreilles en arrière) et évitez de le caresser sur le ventre ou à rebrousse-poil. Commencez par lui effleurer la joue, puis, s'il se laisse faire, prolongez le temps de contact et étendez les caresses vers le reste du corps. Avec de la patience, vous pourrez augmenter progressivement la durée des caresses.

VOIR > AGRESSION PAR IRRITATION P. 14, CARESSE P. 210, FŒTUS P. 232, HYPERSENSIBILITÉ DE LA PEAU P. 88

MUFLE!

CHATIÈRE n.f. Petite ouverture au bas d'une porte ou d'un mur pour faciliter la circulation des chats.

- **LA SITUATION TYPE :** le chat miaule derrière la vitre.
- **CE QUE PENSE LE CHAT :** « *Ouvre-moi la porte !* »

L'avis du vétérinaire

Le jardin est un merveilleux terrain de jeu et de chasse pour le chat. Encore faut-il qu'il puisse y accéder quand il en a envie. S'il n'est pas libre de ses mouvements, votre chat instaurera vite un petit rituel pour vous faire comprendre qu'il veut entrer ou sortir. Il peut, par exemple, s'asseoir tranquillement devant la porte en miaulant, sauter sur la porte ou se mettre à gratter la fenêtre. Ce petit rituel peut vite devenir insupportable, surtout s'il a lieu le matin très tôt ou en plein milieu de la nuit. Si vous voulez éviter de jouer au portier, la meilleure solution est d'investir dans une chatière. Plusieurs modèles sont disponibles, de la simple porte battante à la plus sophistiquée avec contrôle d'accès. Cette dernière n'autorise à entrer dans la maison que les chats équipés d'une clé électronique fixée au collier. Elle évite que les autres chats du quartier en profitent. Certaines possèdent en plus un indicateur de passage qui vous signale si le chat est bien rentré !
Pour habituer votre compagnon à la chatière, commencez par la maintenir ouverte et attirez votre chat à l'extérieur avec une friandise. Baissez progressivement le volet de la chatière pour lui apprendre à la pousser.

VOIR > RITUEL P. 162, 336

CHAUSSURE n.f.

VOIR > **CLEPTOMANIE** P. 49, **LIT** P. 96

CHUTE **n.f. Accident très fréquent chez un chat d'appartement se traduisant par un choc plus ou moins violent sur le sol.**

• **LA SITUATION TYPE :** le chat se relève en boitant et en saignant du nez après une chute.
• **CE QUE PENSE LE CHAT :** « *J'ai fait un mauvais atterrissage !* »

L'avis du vétérinaire

Le chat adore passer des heures sur le rebord du balcon ou de la fenêtre à regarder le spectacle de la nature. Il suffit qu'un oiseau vienne narguer notre petit prédateur et c'est la chute garantie. Heureusement, le chat possède un sens de l'équilibre très performant. Lorsqu'il tombe sur le dos, il peut en moins d'une demi-seconde se retourner. Une hauteur de 1,50 m lui suffit pour effectuer ce rétablissement. En revanche, il en est incapable lorsqu'il chute verticalement la tête ou les fesses en premier. Après 18 m de chute (environ 8 étages), sa vitesse se stabilise pour atteindre de 60 à 90 km/h. C'est la raison pour laquelle, au-delà de 8 étages, la gravité des lésions ne dépend plus de la hauteur. Les conséquences d'une chute sont fonction de la vitesse d'impact, des capacités physiques du chat, mais surtout de la dureté du sol. Elles varient d'une simple dent cassée à des fractures de la mâchoire, du palais, du thorax, des membres ou du bassin, voire la mort. Lors d'une fracture du palais, le chat se met à saigner du nez et à éternuer des gouttes de sang.

VOIR > ANXIÉTÉ EN MILIEU CLOS P. 27, APPARTEMENT P. 30

SUPER
CAT

CLEPTOMANIE (OU COLLECTION) **n.f. Passion féline consistant à subtiliser à l'entourage des objets ayant souvent un point commun.**

• **LA SITUATION TYPE :** le chat vole les dessous affriolants de sa maîtresse.
• **CE QUE PENSE LE CHAT :** « *J'adore leur odeur et leur texture !* »

L'avis du vétérinaire

Tout chat est un peu cleptomane dans l'âme. Normal : pour lui, tout ce qui est à vous est à lui ! Alors, pourquoi se priver ?

Certains ont un penchant pour les objets de la salle de bain (brosse à dents, peigne, élastique à cheveux…), d'autres pour la lingerie, en particulier les dessous féminins, ou, enfin, pour les ours en peluche. Aux États-Unis, un chat surnommé Klepto Kitty a volé plus de 600 objets en tous genres (serviettes, gants, chaussures, chaussettes, jouets) à ses voisins durant 3 ans, avant d'être confondu par une caméra de surveillance. Si votre chat est un collectionneur, proposez-lui des petits objets à rassembler, procurez-lui d'autres distractions (jeux, accès au jardin) et si rien n'y fait, installez une caméra sur son collier afin de savoir où il a planqué son butin.

VOIR > VOL DE NOURRITURE P. 190

CORYZA n.m. Affection courante chez le chat se traduisant par un écoulement de nez et des éternuements.

• **LA SITUATION TYPE :** le chat éternue, a les yeux qui coulent, le nez bouché et refuse de manger.
• **CE QUE PENSE LE CHAT :** « *Cette nourriture inodore ne me donne pas envie.* »

L'avis du vétérinaire

Le coryza désigne une maladie infectieuse affectant les yeux, la bouche et l'appareil respiratoire du chat. Les principaux agents infectieux sont deux virus (l'herpès virus et le calicivirus) et une bactérie *(Chlamydia psittaci)*. La contamination entre chats se fait principalement par contact direct (nez à nez) et par les éternuements. Les signes rencontrés sont la fièvre, les éternuements et les écoulements au niveau du nez et des yeux. Ils varient en fonction de l'agent responsable. La perte d'appétit est systématique, liée à la privation d'odorat. En l'absence de traitement, les narines s'obstruent, les yeux restent collés par les sécrétions desséchées et l'affection peut se compliquer d'une atteinte de la trachée, des bronches et des poumons. Une fois guéris, certains chats restent porteurs du virus et sujets aux récidives. Suite à un stress, ils peuvent excréter à nouveau du virus et contaminer d'autres chats. La vaccination est la meilleure prévention. La première injection a lieu vers la 8e semaine et le rappel à la 12e semaine, puis tous les ans.

VOIR > **ALIMENTATION** P. 18, 198, **ANOREXIE** P. 23, **ODORAT** P. 124, **STRESS** P. 280

CYSTITE n.f. Inflammation de la vessie.

• **LA SITUATION TYPE :** le chat urine quelques gouttes hors de son bac.

• **CE QUE PENSE LE CHAT :** « *J'ai une envie impérieuse d'uriner.* »

L'avis du vétérinaire

La cystite est une inflammation de la paroi de la vessie. Le chat malade urine plus fréquemment, avec douleur et en petite quantité. Ses urines sont parfois teintées de sang, il se lèche le pénis ou la vulve et présente souvent de la malpropreté. La cystite peut être due à une infection ou à la présence de calculs urinaires, mais dans la plupart des cas, après de nombreux examens (analyse d'urine, radiographie, échographie), l'origine de l'inflammation reste indéterminée. On parle alors de « cystite idiopathique ». Le stress (déménagement, tout changement de litière, de nourriture, de cohabitation…) est un facteur majeur dans le déclenchement de la cystite idiopathique. Si vous voyez votre chat rester longtemps dans son bac sans rien faire, n'attendez pas pour consulter, car il est parfois incapable d'uriner. Sa vessie se distend, entraînant des douleurs importantes et empêchant le travail normal des reins. Le chat risque alors une insuffisance rénale aiguë (défaillance brutale des fonctions rénales).

VOIR > **COHABITATION** P. 215, 314, **DÉMÉNAGEMENT** P. 52, **LITIÈRE** P. 98, **MALPROPRETÉ** P. 104, **STRESS** P. 280, **ZIZI** P. 194

DÉMANGEAISON n.f.

VOIR > **PUCE** P. 149

DÉMÉNAGEMENT n.m. Changement de domicile.

• **LA SITUATION TYPE :** le chat se met à griffer la tapisserie et à uriner sur les murs du nouvel appartement.
• **CE QUE PENSE LE CHAT :** « *Quel stress ce changement de territoire !* »

L'avis du vétérinaire

Pour le chat, très attaché à son territoire, un déménagement est un stress considérable. Il perd brutalement toutes ses marques territoriales pour se retrouver dans un lieu vierge de toutes odeurs connues. Face à un tel bouleversement, le chat va se mettre à faire du marquage urinaire réactionnel. Cette réaction normale face au stress s'estompe *a priori* au bout de quelques jours. En revanche, si le maître sanctionne son chat, il aggrave encore son stress et l'empêche de retrouver un équilibre. Le chat développe alors une anxiété de déterritorialisation qui se traduit par une intensification du marquage urinaire, des griffades et de la malpropreté. Ces signes peuvent s'accompagner d'autres manifestations d'anxiété (irritabilité, agressivité, boulimie, onychophagie…).
Pour faciliter l'installation de votre chat dans son nouveau foyer, certaines précautions sont indispensables :
> Pendant le déménagement : enfermez votre chat dans une pièce calme de la maison avec ses gamelles, ses jouets, son couffin et sa litière. Vous éviterez qu'il ne profite de ce grand chambardement pour prendre la poudre d'escampette. Attendez le dernier moment pour le transporter dans sa nouvelle demeure.

> *Après le déménagement* : placez-le dans une pièce avec ses objets personnels. Il sera plus facile pour lui de commencer par baliser un petit territoire. Pour l'aider à retrouver ses marques, pulvérisez sur les endroits saillants de la pièce un spray à base de phéromones faciales apaisantes ou branchez un diffuseur de phéromones électrique. Ne le punissez pas si, dans les premiers jours, il fait du marquage urinaire. Pour nettoyer les traces, évitez les produits ammoniaqués ou chlorés (eau de Javel) qui favorisent le marquage. Une fois que vous l'aurez vu se frotter sur les meubles, pour baliser lui-même son territoire, ouvrez-lui l'accès aux autres pièces.
Si vous passez d'un appartement sans accès à l'extérieur à une maison avec jardin, attendez qu'il ait bien balisé la maison avant de le laisser courir dehors. Sinon, il risque de ne pas retrouver la maison. Pour sa première balade, faites-le sortir à jeun (la nourriture est un moyen de rappel très efficace). Pour pouvoir être averti en cas de fugue, indiquez au fichier central félin vos nouvelles coordonnées téléphoniques, en renvoyant la carte détachable jointe à son certificat d'immatriculation.

VOIR > **ANXIÉTÉ DE DÉTERRITORIALISATION** P. 27, **BOULIMIE** P. 36, **GRIFFE** P. 78, **MARQUAGE FACIAL** P. 110, **MARQUAGE URINAIRE RÉACTIONNEL** P. 112, **ONYCHOPHAGIE** P. 126, **TERRITOIRE** P. 176

DENTS n.f. pl.

VOIR > **CLAQUEMENT DE DENTS** P. 214, **PLAQUE ET TARTRE DENTAIRES** P. 144

DÉPRESSION n.f. Trouble de l'humeur (tonalité affective qui colore la perception du monde) caractérisé par un manque d'énergie, une perte d'intérêt et des troubles du sommeil et de l'appétit.

La dépression est beaucoup plus rare chez le chat que l'anxiété. Elle se traduit par de la tristesse, une indifférence à l'environnement et une réduction des activités. La dépression peut être aiguë ou chronique.

◆ ***Dépression aiguë* g.n. Dépression en rapport avec un événement traumatisant.**

• **LA SITUATION TYPE :** le chat, suite à la perte de son maître, ne mange plus et se laisse dépérir.
• **CE QUE PENSE LE CHAT :** « *Je n'ai plus le goût de vivre.* »

L'avis du vétérinaire

La dépression aiguë survient suite à un stress violent : agression, perte du maître ou d'un congénère, abandon, mise en pension, blessure, hospitalisation, maladie ou soins douloureux… Cette dépression se traduit par un état de prostration intense. Le chat ne mange plus, se cache sous les meubles, ne joue plus, ne recherche plus le contact avec ses maîtres, fait ses besoins là où il est ou reste des heures dans son bac sans bouger, ne se toilette plus et dort tout le temps. L'urgence consiste à réalimenter le chat afin d'éviter des lésions graves du foie, surtout

chez les animaux obèses ou diabétiques. Pour cela, le chat doit être hospitalisé et nourri par intubation ou perfusion et recevoir un traitement antidépresseur pour relancer son appétit.

VOIR > **ANOREXIE** P. 23, **DÉPRESSION CHRONIQUE** P. 56, **DIABÈTE SUCRÉ** P. 57, **HOSPITALISATION** P. 236, **MÉDICAMENT** P. 244, **OBÉSITÉ** P. 120, **PENSION** P. 259

◆ ***Dépression chronique*** **g.n. État dépressif persistant sans cause précise identifiable.**

• **LA SITUATION TYPE :** le chat, irritable, passe son temps à se ronger les griffes et se réveille la nuit.
• **CE QUE PENSE LE CHAT :** « *Dure dure, la vie !* »

L'avis du vétérinaire

La dépression chronique peut faire suite à une dépression aiguë ou une anxiété permanente non traitée. Des maladies hormonales, des lésions ou un vieillissement cérébral peuvent aussi en être responsables. Le chat déprimé néglige sa toilette, mais il peut passer, en revanche, des heures à se lécher certaines parties du corps ou à se ronger les griffes. Il présente une altération du sommeil (réveil nocturne) et de l'appétit (alternance de boulimie et d'anorexie), une irritabilité, une indifférence à son environnement et souvent de la malpropreté. Cette dernière détériore souvent les rapports avec son maître, ce qui aggrave encore son état. Le traitement est à la fois médical et comportemental. Il faut peigner et brosser le chat tous les jours pour lui maintenir un beau pelage et éviter la formation de nœuds, lui redonner le goût de vivre par des séances de caresses et des activités diverses, et veiller à ce qu'il puisse se reposer au calme.

VOIR > **ALOPÉCIE** P. 20, **ANXIÉTÉ** P. 26, **BOULIMIE** P. 36, **DÉPRESSION AIGUË** P. 54, **ONYCHOPHAGIE** P. 126, **SÉNILITÉ** P. 167, **STRESS** P. 280

DIABÈTE SUCRÉ g.n. Maladie chronique dont les symptômes les plus visibles sont une augmentation de l'appétit et de la soif, et l'élimination abondante d'urine.

• **LA SITUATION TYPE :** le gros chat castré et obèse vide sa gamelle d'eau plusieurs fois par jour.
• **CE QUE PENSE LE CHAT :** « *J'ai tout le temps soif.* »

L'avis du vétérinaire

Le diabète est une maladie en plein essor. Une récente étude faite au Royaume-Uni indique que la proportion de chats diabétiques a été multipliée par 5 en 30 ans. Cette affection résulte d'une incapacité de l'organisme à produire de l'insuline ou à s'en servir adéquatement. Elle se caractérise par une augmentation anormale et permanente du taux de glucose dans le sang (glycémie), associée à la présence de glucose dans les urines (glycosurie). Elle est particulièrement fréquente chez le chat mâle âgé et obèse. Au début de la maladie, le chat présente un appétit féroce, boit et urine beaucoup. Puis, en l'absence de traitement, il maigrit, présente des troubles digestifs, une altération du pelage et une démarche plantigrade. Une mesure de la glycémie et du taux de glucose urinaire confirme le diagnostic. Le traitement repose à la fois sur des injections biquotidiennes d'insuline et un régime alimentaire strict.

VOIR > **ANOREXIE** P. 23, **BOULIMIE** P. 36,
OBÉSITÉ P. 120, **SOIF** P. 168

DISTANCE CRITIQUE ET DISTANCE DE FUITE g.n.
Limites à ne pas franchir sous peine de représailles.

• **LA SITUATION TYPE :** le chat, enfermé dans sa cage de transport, crache, les oreilles rabattues, la gueule ouverte et les pupilles dilatées, en voyant la main du vétérinaire qui tente de le saisir.
• **CE QUE PENSE LE CHAT :** *« Si tu approches encore, je mords ! »*

L'avis du vétérinaire

La distance de fuite (ou de sécurité) est la limite en dessous de laquelle le chat ressent de la crainte et réagit par la fuite ou des menaces pour maintenir un individu, qu'il pense être dangereux, en dehors de cette limite. La distance critique est la limite en dessous de laquelle le chat, par peur, n'a plus d'autre choix, s'il ne peut pas fuir, que d'attaquer violemment l'intrus pour se défendre ou de faire le mort. Elle délimite le champ d'agression. En présence de son maître ou de personnes familières, la distance critique du chat est nulle. Il se laisse facilement approcher, caresser et prendre dans les bras. En présence d'un inconnu, elle peut atteindre 1 m, voire plus. Si ce dernier franchit cette limite et que le chat ne peut pas fuir ni se cacher, ses seules solutions sont d'attaquer ou de faire le mort. C'est le cas lorsqu'un chat est enfermé dans sa caisse de transport et que le vétérinaire, qu'il ne connaît pas, essaie de l'attraper. Si le chat choisit l'affrontement, la morsure sera d'autant plus violente que la peur le tenaille.

VOIR > **AGRESSION DE DISTANCEMENT** P. 300, **AGRESSION PAR PEUR** P. 15, **PÉRIODE DE SOCIALISATION** P. 260, **PEUR** P. 262, **VÉTÉRINAIRE** P. 186

DOULEUR n.f. Sensation pénible, désagréable, ressentie dans une ou plusieurs parties du corps.

• **LA SITUATION TYPE :** le chat souffrant d'une fracture reste prostré dans un coin, ne se toilette plus, n'a plus d'appétit et fuit ou agresse lorsque l'on touche son membre fracturé.
• **CE QUE PENSE LE CHAT :** « *J'ai mal !* »

L'avis du vétérinaire

Le chat exprime la douleur de différentes façons :
> Son comportement : il est excité, voire agressif, ou déprimé. Il tremble ou présente des frissons. Il se cache dans un coin, refuse les caresses, ne répond plus à son nom, ne réagit plus aux bruits. Il ne se toilette plus, urine ou défèque sous lui. Il a du mal à trouver le sommeil. Mais il peut continuer à ronronner, même jusqu'à la mort, quel que soit le degré de la douleur.
> Sa façon de se déplacer : il se lève avec difficulté, boite, le dos voûté, se déplace avec lenteur, ne saute plus, ne s'étire plus. Il refuse de bouger et reste plusieurs heures dans la même position.
> Ses réactions aux soins : il ne supporte pas le toucher de la cicatrice opératoire ou de la zone blessée. Il crache, griffe ou mord lors des soins. Il essaie de retirer son pansement.
> Son appétit : il ne mange pas ou s'arrête après deux ou trois bouchées. La surveillance du poids, après une intervention chirurgicale, est un bon critère d'appréciation de la douleur.
> Son rythme cardiaque et respiratoire : sa fréquence cardiaque augmente, sa respiration est superficielle et accélérée. Ses pupilles sont dilatées.

La douleur ralentit la guérison. Autrefois négligée par manque de connaissance, elle est aujourd'hui de plus en plus prise en charge à l'aide de médicaments morphiniques ou anti-inflammatoires.

VOIR > **AGRESSION PAR IRRITATION** P. 14, **ANOREXIE** P. 23, **CARESSE** P. 210, **DÉPRESSION** P. 54, **MALPROPRETÉ** P. 104, **NOM** P. 252, **RONRONNEMENT** P. 164, **SOMMEIL** P. 170, **TOILETTAGE** P. 180, 292

EAU n.f. Liquide incolore, transparent et essentiel à la vie.

• **LA SITUATION TYPE :** le chat boit le filet d'eau qui s'échappe du robinet.
• **CE QUE PENSE LE CHAT :** « *Ici, l'eau est meilleure.* »

L'avis du vétérinaire

Le chat est très exigeant en matière de boisson, et tout particulièrement en ce qui concerne l'eau. Pour qu'il boive son eau, elle doit être :
> À son goût : il possède des fibres gustatives sensibles à l'eau et fait la différence entre l'eau en bouteille et l'eau du robinet.
> Ni trop chaude, ni trop froide : la température idéale se situe entre 4 et 10 °C.
> Propre : rien, même pas une miette de nourriture, ne doit venir souiller son eau.
> Servie dans un récipient : peu profond mais bien large, propre et inodore, placé à distance de sa pâtée ou de ses croquettes, dans un endroit sécurisé où le chat peut observer les alentours sans risquer d'être attaqué par surprise.

Certains chats ont parfois leur petite manie pour boire : ils plongent leur patte dans le récipient, puis la lèchent, ne boivent que les gouttes qui suintent du robinet (l'eau y est fraîche et renouvelée en permanence), n'apprécient que l'eau de pluie… Il existe aussi pour eux des fontaines à eau.

VOIR > **DIABÈTE SUCRÉ** P. 57, **GAMELLE** P. 74, **GOÛT** P. 77, **LAIT** P. 240, **SOIF** P. 168

ENVIRONNEMENT n.m. Ensemble des éléments naturels et artificiels au sein desquels un individu vit et se développe.

• **LA SITUATION TYPE :** le chaton, débarqué de sa campagne, court se réfugier sous un meuble au moindre bruit.
• **CE QUE PENSE LE CHATON :** « *Tout ce bruit et toute cette agitation me mettent mal à l'aise.* »

L'avis du vétérinaire

À partir de la 2e semaine, grâce à une mère apaisante, le chaton s'ouvre au monde. Sa curiosité naturelle lui permet d'établir, pour chacun de ses sens et pendant une période sensible qui s'achève vers la 7e-8e semaine, un niveau de stimulation (intensité de bruits, quantité de vibrations, niveau d'agitation visuelle…) de référence. Le chaton élevé dans un milieu riche (accès au jardin, jeux variés, bruits de la télévision, présence d'enfants…) aura des niveaux de référence élevés et s'adaptera aisément à un environnement stimulant. Inversement, le chaton élevé en milieu pauvre aura des niveaux de référence bas et pourra présenter un syndrome de privation sensorielle si son milieu d'adoption est particulièrement stimulant. Le premier stade de ce syndrome, très invalidant, se traduit par des réactions de peur face à des situations de la vie courante auxquelles le chaton n'est pas habitué. En l'absence de traitement, le chaton peut devenir anxieux, voire dépressif.

VOIR > **ANXIÉTÉ** P. 26, **APPARTEMENT** P. 30, **DÉPRESSION** P. 54, **PEUR** P. 262, **PHOBIE** P. 140, **PIÈCE D'ÉVEIL** P. 264

ÉTIREMENT n.m. Allongement lent et progressif des muscles et des tendons préparant à l'effort.

- **LA SITUATION TYPE :** le chat s'étire et baille au réveil.
- **CE QUE PENSE LE CHAT :** *« Me voilà prêt à affronter la journée ! »*

L'avis du vétérinaire

Le chat est un athlète qui soigne sa condition physique. Au réveil, il commence par bayer aux corneilles, puis assouplit sa colonne vertébrale et ses articulations en arrondissant le dos et en raidissant ses pattes, tout en contractant ses abdominaux. Il poursuit par un étirement du dos et des membres antérieurs, les griffes antérieures bien plantées, le menton au ras du sol, le dos creusé, l'arrière-train relevé et la queue dressée. Cette position, bien connue, est aussi utilisée pour entretenir ses griffes ou marquer son territoire, mais, dans ce cas, il plante ses griffes dans le support avant de contracter le bas du dos, pour ramener les griffes vers lui. Il termine par un étirement des pattes postérieures vers l'arrière, le train antérieur relevé et le dos aplati. Tous ces mouvements de stretching lui permettent de s'échauffer en douceur, d'éviter les courbatures, d'entretenir sa musculature et d'assouplir ses articulations.

VOIR > GRIFFOIR P. 233, TERRITOIRE P. 176,
TOILETTAGE P. 180, 292

FAIM n.f.

VOIR > DEMANDE DE NOURRITURE P. 220,
SYNDROME DU TIGRE P. 174

On étire la patte!
On allonge les dorsales...
Et...
On fait sa toilette!
COACH

FENÊTRE **n.f. Ouverture transparente présente dans les habitations humaines pour faire entrer l'air et la lumière. Elle permet aussi au chat de surveiller son territoire.**

• **LA SITUATION TYPE :** le chat s'installe sur l'appui de fenêtre pour regarder à travers la vitre.
• **CE QUE PENSE LE CHAT :** « *J'adore surveiller ce qui se passe dehors !* »

L'avis du vétérinaire

Il y a deux types de chat qui regardent par la fenêtre : ceux qui peuvent sortir et ceux qui sont privés de liberté. Les premiers surveillent leur territoire derrière la fenêtre ou la baie vitrée, prêts à intervenir si un intrus ou une proie venait à y pénétrer. Les autres regardent le monde extérieur comme un spectacle vivant, un peu comme les humains qui regardent la télévision. Habitués au monde feutré de leur logis depuis leur tendre enfance, la plupart, même s'ils en avaient la possibilité, n'auraient aucune envie de s'aventurer dans un monde inconnu qui leur fait peur. C'est pour cette raison qu'un chat ayant vécu longtemps en appartement ne s'aventure jamais très loin lorsqu'il déménage en maison individuelle.

VOIR > AGRESSION REDIRIGÉE P. 16, ENVIRONNEMENT P. 63, FENÊTRE OSCILLO-BATTANTE P. 228

Enfin un peu de suspense !

FIL n.m. Objet long et fin, rigolo à mâchouiller, facile à avaler, mais délicat à éliminer.

• **LA SITUATION TYPE :** le chat se promène avec un bout de ficelle qui sort de son anus.
• **CE QUE PENSE LE CHAT :** *« Celle-là, je pensais pourtant l'avoir fait disparaître ! »*

L'avis du vétérinaire

Les chats, et encore plus les chatons curieux de nature, adorent jouer avec toutes sortes de fils (fil de pêche, de guirlande, à coudre, de laine, de sac poubelle…) qu'ils avalent parfois. Dans le meilleur des cas, quelques jours plus tard, le fil réapparaît en entier ou en petits morceaux dans les selles. Sinon, il peut rester coincé et provoquer des troubles digestifs, ou sortir partiellement par l'anus. Dans tous les cas, consultez rapidement votre vétérinaire. Ne tirez surtout pas sur l'extrémité visible de la ficelle, vous risqueriez de le blesser. Contentez-vous de couper l'extrémité qui dépasse, afin qu'il ne la ravale pas, en espérant que le reste suive sans encombre. Par précaution, ne laissez jamais traîner de bout de fil et faites particulièrement attention au lien du sac poubelle, très prisé des chats.

VOIR > LAINE P. 94

C'est d'un goût très sûr !

FLEHMEN n.m. Grimace particulière du chat lui permettant de stimuler un organe des sens particulier (l'organe voméro-nasal) et de percevoir les phéromones.

- **LA SITUATION TYPE :** le chat renifle avec attention, la lèvre supérieure relevée, la bouche entrouverte, une marque urinaire fraîche de chatte en chaleur.
- **CE QUE PENSE LE CHAT :** « *Cette odeur m'émoustille !* »

L'avis du vétérinaire

Pour analyser les phéromones présentes dans l'environnement, le chat possède un organe olfactif spécialisé : l'organe voméro-nasal. Il se situe sur le plancher des fosses nasales et communique avec la cavité buccale par un conduit situé juste derrière les incisives supérieures. Pour y faire pénétrer de l'air, le chat doit avoir recours à une grimace particulière : le flehmen. Il entrouvre la bouche, rétracte sa lèvre supérieure, inspire par petits coups et appuie sa langue sur son palais pour mieux capter les phéromones. Ce comportement est beaucoup plus fréquent chez le mâle que chez la femelle. Il est déclenché par la présence de phéromones, en particulier celles présentes dans l'urine de femelles en chaleur, qui seront à l'origine, chez le chat mâle récepteur, de toute une série de comportements sexuels. Ainsi, tout défaut de fonctionnement de l'organe voméro-nasal, suite à une maladie de l'appareil respiratoire ou une lésion des cavités nasales, perturbera de façon importante les relations du chat avec ses congénères.

VOIR > **CHALEURS** P. 308,
PHÉROMONES P. 328

FUGUE **n.f. Propension naturelle du chat, et mal vécue par les humains, à ne pas respecter les horaires des repas.**

- **LA SITUATION TYPE :** le chat entier ne revient pas le soir.
- **CE QUE PENSE LE CHAT :** « *Les amours félines n'attendent pas…* »

L'avis du vétérinaire

Seuls les chats libres fuguent. Faut-il pour autant les enfermer ? Non, bien sûr. N'est-ce pas là la meilleure preuve d'amour que de leur laisser leur liberté ? Un chat a toujours une bonne excuse pour ne pas rentrer chez lui à l'heure du repas :

> « J'étais en train de draguer la chatte d'à côté. Un mâle entier en période des amours peut rester plusieurs semaines loin de ses pénates. »
> « Je m'amusais beaucoup avec mes copains et/ou mes copines. »
> « J'avais un différend sérieux en matière de propriété à régler avec le chat du voisin. »
> « Je ne me sentais pas bien chez toi et j'ai préféré m'installer ailleurs.
> « J'étais coincé dans un jardin ou un lieu fermé. »
> « J'ai été ramassé par la fourrière. »
> « J'ai été accidenté ou empoisonné. »

Pour le retrouver, faites le tour du quartier à pied et renseignez-vous auprès des voisins. Si vos recherches sont infructueuses, rapportez sa disparition à la police et/ou la gendarmerie. Appelez les refuges et les fourrières les plus proches, et informez tous les vétérinaires de votre ville. Si votre chat est identifié par micropuce ou tatouage, prévenez le Fichier national félin.

VOIR > CASTRATION P. 279, SURPRISE PARTY P. 282

GALE AURICULAIRE g.n. Inflammation de l'oreille due à la présence d'un parasite dans le conduit auditif externe.

• **LA SITUATION TYPE :** le chat se gratte l'oreille avec sa patte de derrière et de façon insistante.
• **CE QUE PENSE LE CHAT :** *« Mes oreilles me démangent, me gratter me soulage. »*

L'avis du vétérinaire

La gale des oreilles est une maladie parasitaire très fréquente (en particulier chez les chatons), due à la présence d'un acarien dans le conduit auditif externe. Elle se traduit par une inflammation de ce conduit (otite externe). L'oreille, très enflammée, est remplie d'un cérumen abondant, sec et brun foncé. La plupart du temps, les deux oreilles sont atteintes. Le chat secoue la tête et se gratte furieusement l'oreille. Un volumineux hématome du pavillon de l'oreille peut alors apparaître. Très contagieuse, la gale des oreilles se transmet par contact direct entre chats, le plus souvent entre la mère et ses chatons. Le traitement consiste à débarrasser l'oreille de son cérumen à l'aide d'une solution nettoyante auriculaire, puis à appliquer une préparation acaricide dans l'oreille pendant 3 semaines pour couvrir la totalité du cycle parasitaire (21 jours). Il existe également des traitements, plus pratiques, sous forme de gouttes antiparasitaires à appliquer à la base du cou.

VOIR > PUCE P. 149

GAMELLE n.f. Récipient creux de différentes matières dans lequel mange ou boit le chat.

• **LA SITUATION TYPE :** le chat regarde sa nouvelle gamelle en plastique pleine de nourriture d'un air dégoûté.
• **CE QUE PENSE LE CHAT :** « *Cette odeur de plastique me coupe l'appétit !* »

L'avis du vétérinaire

Le chat est non seulement sensible à l'odeur, au goût et à la texture de son alimentation, mais aussi à son contenant. Pour lui plaire, choisissez d'abord une gamelle bien stable et légèrement creuse, en verre, en faïence ou en porcelaine. L'acier inoxydable est possible, cependant il a l'inconvénient, si vous désirez réchauffer rapidement le plat de votre chat, de ne pas pouvoir passer au micro-ondes. Évitez le plastique qui dégage parfois une odeur désagréable, se raye avec le temps et devient alors plus difficile à nettoyer. Posez la gamelle à un endroit accessible de jour comme de nuit et éloigné d'au moins 2 m de son bac à litière. Pour faire faire de l'exercice à votre chat, vous pouvez placer sa gamelle en hauteur. Cela lui évitera aussi d'être dérangé s'il

cohabite avec un chien gourmand. Si vous avez plusieurs chats, mettez à leur disposition autant de gamelles pour l'eau et la nourriture qu'il y a de chats plus une et choisissez-les de motifs différents. Enfin, pour éviter le dépôt de mauvaises odeurs dans les gamelles, lavez-les tous les jours.

VOIR > **ALIMENTATION** P. 18, 198, **EAU** P. 62, **GOÛT** P. 77, **LITIÈRE** (BAC À) P. 101, **ODORAT** P. 124, **REPAS** (LIEU DES) P. 155

GESTATION **n.f. Période pendant laquelle les petits se développent dans l'utérus de leur mère.**

• **LA SITUATION TYPE :** la chatte, au ventre arrondi, recherche de façon plus pressante la compagnie de son maître.
• **CE QUE PENSE LA CHATTE :** « *Ta présence me rassure.* »

L'avis du vétérinaire

La gestation de la chatte dure en moyenne 63 jours. Plusieurs signes permettent de suspecter un heureux événement.
> Changement de comportement : la chatte est plus calme, se désintéresse de ses jeux habituels, vomit parfois, passe plus de temps à manger et à dormir. Plus câline, elle recherche l'affection et les caresses. En fin de gestation, elle s'isole.
> Changement d'aspect physique : dès la 2e ou 3e semaine, les tétines deviennent plus roses et proéminentes, en particulier chez les chattes qui n'ont pas encore eu de chatons. Au bout de 1 mois, son ventre s'arrondit. En fin de gestation, la prise de poids atteint en moyenne 1 kg.
> Mise en évidence des fœtus : dès le 20e jour, les battements cardiaques des fœtus sont visibles à l'échographie. Ils permettent de confirmer leur vitalité. Entre le 24e et le 30e jour, la palpation abdominale permet de sentir les ampoules fœtales (2-3 cm de diamètre). Vers le 40e jour, les squelettes sont radiologiquement visibles. Durant les 2 dernières semaines, il suffit de poser une main sur le ventre de la chatte pour sentir les petits remuer.

VOIR > CARESSE P 210, FŒTUS P 232, MISE BAS P. 248

GOÛT n.m. Sens qui permet d'analyser la saveur d'un aliment.

• **LA SITUATION TYPE :** le chaton, dans son nouveau foyer, se jette goulûment sur la nourriture qu'il consommait chez son éleveur.
• **CE QUE PENSE LE CHATON :** *« Cela me rappelle mes premiers repas. »*

L'avis du vétérinaire

Le goût du chat est moins développé que celui de son maître. Il ne possède que 500 bourgeons gustatifs contre 9 000 chez l'homme. Cela ne l'empêche pas d'être très sélectif dans le choix de ses aliments. Il est sensible à quatre saveurs : l'acide, l'amer, l'umami (glutamate) et le salé. En revanche, il n'est pas du tout attiré, sauf exception, par le sucré. Parmi tous les mets d'origine animale, il préfère, en général, d'abord la viande de mouton, puis celles de lapin, de bœuf, de porc, de poulet et le poisson. Toutefois, ses préférences dépendent, en grande partie, des premiers aliments consommés au moment du sevrage. Un chaton, habitué dès son plus jeune âge à manger du poisson ou du foie de bœuf, gardera une attirance pour eux et aura tendance à refuser les autres aliments. Inversement, un chaton habitué a consommé des aliments de goût et de texture variés sera facile à nourrir. Lors de l'adoption d'un chaton, il est donc conseillé, pour éviter les refus, de lui distribuer l'aliment auquel il a déjà été habitué chez l'éleveur.

VOIR > **ALIMENTATION** P. 18, 198, **ANOREXIE** P. 23, **GAMELLE** P. 74, **SEVRAGE** P. 276

GRIFFE n.f. Partie cornée et pointue située à l'extrémité des doigts du chat.

Le chat possède des griffes rétractiles. Longues et aiguisées, elles constituent des armes redoutables et un atout sans pareil pour grimper aux arbres et échapper à ses ennemis. Elles lui servent également à marquer son territoire.

◆ ***Coup de griffe*** **g.n. Blessure souvent infectée, occasionnée par les griffes du chat.**

• **LA SITUATION TYPE :** le chaton lacère les mains de son maître qui ne le corrige pas.
• **CE QUE PENSE LE CHATON :** « *Il me laisse faire, je continue.* »

L'avis du vétérinaire

C'est au cours des jeux avec sa mère et ses congénères que le chaton apprend à contrôler sa mâchoire et à rentrer ses griffes pour ne pas blesser. Une fois dans son nouveau foyer, c'est à son maître de poursuivre cet apprentissage. Si, au cours du jeu, le chat s'excite et se met à griffer ou mordre la main, il faut arrêter instantanément le jeu et le corriger en lui donnant, comme le ferait sa mère, une ou plusieurs petites tapes du bout du doigt sur le nez ou la face, ou en le couchant sur le flanc et en lui grattant avec insistance le ventre.

> La maladie des griffes du chat

Cest une maladie bactérienne transmissible à l'homme par griffure ou morsure. Les chats infectés ne présentent aucun signe clinique.

La plupart ont moins de 1 an, vivent dans les rues et sont porteurs de puces (la transmission de chat à chat se fait par piqûres de puces). Chez l'homme, la maladie se traduit, quelques jours après la griffure ou la morsure, par une petite lésion cutanée discrète et peu douloureuse, puis parfois par une hypertrophie du ganglion voisin de la blessure. Pour prévenir la maladie, faites stériliser votre chat et traitez-le toute l'année contre les puces. Désinfectez toute griffure ou morsure, même bénigne.

VOIR > **HYPERACTIVITÉ** P. 84, **MORSURE** P. 250, **PUCE** P. 149, **SYNDROME DU TIGRE** P. 174

◆ ***Faire ses griffes*** **g.n. Action pour le chat de lacérer un support avec ses griffes antérieures afin d'entretenir celles-ci, mais aussi pour marquer son territoire.**

• **LA SITUATION TYPE 1 :** le chat griffe le pied du fauteuil sur lequel il dort.
• **CE QUE PENSE LE CHAT :** « *Territoire privé, défense d'entrer !* »

L'avis du vétérinaire

Les griffades sont un comportement naturel du chat. Elles s'effectuent avec les pattes antérieures. Le chat commence par choisir un support bien visible, le plus souvent vertical (arbre, poteau, tapisserie, meuble…), plante ses griffes, puis ramène alternativement ses pattes vers lui en lacérant le support. Elles permettent au chat d'entretenir et d'aiguiser ses griffes, mais servent, avant tout, de signaux territoriaux. Ces marques sont à la fois visuelles et olfactives grâce au dépôt de phéromones libérées par les glandes situées entre les doigts. Elles indiquent ainsi la présence d'un chat et sont pratiquées près des champs territoriaux d'isolement (lieu d'élimination, de repos ou de refuge) et du champ de chasse lorsque le gibier est rare. Les autres chats évitent alors la zone marquée. Ce marquage est, en général, plus important chez les chats séparés précocement (vers la 6e semaine) de leur mère. Tout comme le marquage urinaire, le stress favorise l'exacerbation de ce comportement.

VOIR > **ÉTIREMENT** P. 64, **GRIFFE** P. 78, **MARQUAGE** P. 108, **MARQUAGE URINAIRE** P. 112, **PHÉROMONES** P. 328, **STRESS** P. 280, **TERRITOIRE** P. 176

• **LA SITUATION TYPE 2 :** le chat, suite à l'arrivée d'un chien, se met à griffer différents supports, à des endroits visibles.
• **CE QUE PENSE LE CHAT :** « *Je ne veux pas de cette cohabitation.* »

L'avis du vétérinaire

Un chat qui se met brutalement à redécorer la maison par ses griffades a toujours de bonnes raisons. Il s'agit, en général, de l'expression d'une contrariété qui peut être provoquée par une impossibilité de s'isoler, un déménagement, la présence d'un nouveau chat dans le voisinage, une surpopulation… Dans ce cas, les griffades sont dispersées dans toute la maison, à des endroits bien visibles, mais sans rapport avec les champs d'isolement, d'élimination ou de prédation. Elles sont parfois associées à d'autres signes d'anxiété (agressivité, marquage urinaire, exacerbation du comportement de toilettage…). L'application, pendant plusieurs semaines, de phéromones apaisantes sur les endroits griffés permet de rassurer le chat et de réduire les griffades. La punition doit être évitée, car elle augmente le stress du chat et aggrave la situation.

VOIR > **AGRESSION** P. 12, 298, **ANXIÉTÉ** P. 26, **ANXIÉTÉ DE DÉTERRITORIALISATION** P. 27, **CHATIÈRE** P. 44, **COHABITATION** P. 215, 314, **DÉMÉNAGEMENT** P. 52, **GRIFFE** P. 78, **GRIFFOIR** P. 233, **MARQUAGE URINAIRE** P. 112, **PUNITION** P. 270, **STRESS** P. 280, **SURPOPULATION** P. 172, **TOILETTAGE** P. 180, 292

HERBE-À-CHAT n.f. Plante aromatique de la famille de la menthe attirant irrésistiblement la plupart des chats.

- **LA SITUATION TYPE :** le chat se roule sur la cataire du jardin.
- **CE QUE PENSE LE CHAT :** « *Quel pied, cette odeur !* »

L'avis du vétérinaire

Certaines plantes ont la faculté de mettre le chat dans tous ses états. C'est le cas de l'olivier, du papyrus, du mimosa, du kiwi ou de l'asperge, mais surtout de certaines plantes aromatiques comme le thym, la valériane et la cataire. Cette dernière, appelée « herbe-à-chat » ou « menthe des chats » (son odeur rappelle celle de la menthe), contient une molécule odorante (la népétalactone) proche du LSD. À peine s'en est-il approché que le chat est dans tous ses états. Il la renifle, la lèche, la mordille, se frotte contre elle et se met à faire des roulades sur le dos, les pupilles dilatées. Il se toilette ensuite avant de retrouver son calme. Rassurez-vous, contrairement à la drogue, cette plante n'a aucun effet néfaste sur la santé du chat ; certains chats y sont d'ailleurs totalement insensibles.

◆ ***Herbe-à-chat de substitution* g.n. Mélange de jeunes pousses de céréales facilitant la digestion du chat et la régurgitation de ses poils.**

- **LA SITUATION TYPE :** le chat d'appartement mange les jeunes pousses d'herbe dans un petit pot.
- **CE QUE PENSE LE CHAT :** « *Chouette, un petit jardin d'intérieur !* »

L'avis du vétérinaire

La plupart du temps, l'herbe vendue en tant qu'herbe-à-chat dans les grandes surfaces animalières est un mélange de céréales (orge, avoine, blé, seigle). Si cette herbe n'a aucune propriété excitante comme la vraie herbe-à-chat, elle est malgré tout appréciée par la plupart des chats, en particulier de ceux qui n'ont pas accès à un bout de jardin. Sa consommation aide à régurgiter les boules de poils accumulées dans l'estomac, et les fibres qu'elle contient facilitent le transit intestinal. Elle n'a, en revanche, aucune action contre les parasites digestifs.

VOIR > **BOULE DE POILS** P. 35, **PLANTE VERTE** P. 142

HYPERACTIVITÉ **n.f. Activité motrice augmentée et désordonnée allant jusqu'à l'épuisement, accompagnée d'impulsivité et de difficultés d'apprentissage.**

- **LA SITUATION TYPE :** le chaton grimpe aux rideaux, saute sur l'étagère, court et fait tomber tous les bibelots.
- **CE QUE PENSE LE CHATON :** « *Je ne me contrôle pas !* »

L'avis du vétérinaire

Ce trouble du comportement touche le chaton séparé trop tôt de sa mère, élevé par une chatte débordée ou un humain incapable de lui apprendre à maîtriser sa motricité, à contrôler sa morsure et à rétracter ses griffes. Le chaton est constamment sur le qui-vive, il réagit aux moindres stimuli, joue sans arrêt, met tout dans sa bouche, grimpe partout sur les meubles et les rideaux, fait tomber les objets, escalade son maître comme s'il s'agissait d'un arbre. Au cours des jeux avec son maître, le chaton griffe et mord. Il n'apprécie pas la contrainte, en particulier d'être attrapé par la peau du cou, se débat et fait usage de ses griffes et de ses crocs pour se dégager. Ses rapports avec les autres chats sont conflictuels. Il présente parfois un appétit insatiable et une diminution du temps de sommeil. Ce comportement ne doit pas être pris à la légère : le chaton ne se calme pas en grandissant ! Au contraire, au-delà de 4 mois, la récupération n'est jamais complète.

VOIR > **AUTOCONTRÔLE** P. 204, **BOULIMIE** P. 36, **GRIFFE** (COUP DE) P. 78, **MORSURE** P. 250, **SOMMEIL** P. 170

Fatigant !

HYPERATTACHEMENT n.m. Dépendance affective excessive envers un humain rendant toute séparation insupportable.

- **LA SITUATION TYPE :** le chat miaule lorsqu'il est seul.
- **CE QUE PENSE LE CHATON :** « *Un seul être vous manque et tout est dépeuplé !* »

L'avis du vétérinaire

À 2 mois, le chaton quitte naturellement sa maman pour s'attacher à son territoire et mettre en place des relations privilégiées avec un ou plusieurs humains ou animaux. Cette affection réciproque se traduit par une proximité étroite entre le chat et son tendre ami. Il n'est pas rare que les deux (chat-humain, chat-animal) dorment ensemble, mais cet attachement n'empêche pas le chat de garder son autonomie. L'hyperattachement survient chez le chaton séparé trop tôt de sa maman et adopté par des humains qui n'ont pas pratiqué le détachement. Il peut aussi apparaître secondairement chez un chat anxieux ou déprimé. Le chat, dans une dépendance affective totale, suit son maître comme son ombre et son absence le plonge dans le désarroi le plus complet. Cela se traduit, lorsqu'il est seul, par un état dépressif (prostration, perte d'appétit…) ou anxieux (miaulement, malpropreté, toilettage exacerbé…).

VOIR > ANXIÉTÉ P. 26, DÉPRESSION P. 54, DÉTACHEMENT P. 224

CHAT
ADHÈRE
COLLE
FORTE

HYPERSENSIBILITÉ DE LA PEAU **g.n. Ondulation de la peau du dos du chat liée à un état d'anxiété, une infection de la peau ou une douleur.**

• **LA SITUATION TYPE :** le dos du chat est brutalement parcouru par une onde de contraction.
• **CE QUE PENSE LE CHAT :** « *Ne me touchez pas, j'ai mes nerfs !* »

L'avis du vétérinaire

Il arrive parfois que le chat soit subitement secoué de tressautements de la peau du dos, comme s'il recevait une décharge électrique. Appelée *rolling skin syndrome*, cette ondulation est souvent accompagnée de vocalises et de battements de queue. Plus fréquente chez les chats de race siamoise, burmese et abyssine, elle est souvent liée à un état anxieux et s'accompagne alors d'autres signes d'anxiété : agression, toilettage intempestif, marquage… Pendant sa crise, qui dure de quelques secondes à quelques minutes, le chat peut agresser la personne qui tente de s'approcher de lui ou se mordre la queue avec frénésie, au point de s'automutiler. Cette ondulation du dos se rencontre aussi chez le chat souffrant d'affections cutanées (allergies aux piqûres de puces) ou de douleurs diverses (musculaires, articulaires, nerveuses…). Dans tous les cas, quelle que soit la cause du mal, il est impératif d'offrir au chat des conditions de vie proches de son mode de vie naturel.

VOIR > **AGRESSION** P. 12, 298, **ANXIÉTÉ** P. 26, **CHAT CARESSÉ-MORDEUR** P. 42, **ENVIRONNEMENT** P. 63, **MARQUAGE** P. 108, **PUCE** P. 149, **TOILETTAGE** P. 180, 292

HYPERTHYROÏDIE **n.f. Excès de sécrétion des hormones thyroïdiennes provoquant un dérèglement de l'organisme.**

• **LA SITUATION TYPE :** le chat âgé, tout maigre malgré un appétit féroce, est très agité.

• **CE QUE PENSE LE CHAT :** « *Je me sens tout excité.* »

L'avis du vétérinaire

La thyroïde est une glande bilobée située au tiers inférieur du cou. L'hyperthyroïdie est le trouble endocrinien le plus commun chez le chat. Elle se traduit par une élévation des taux circulants d'hormones thyroïdiennes et l'apparition d'un goitre. Elle est provoquée par une tumeur, bénigne dans la majorité des cas, située dans l'un ou dans les deux lobes de la glande thyroïde. 95 % des chats affectés ont plus de 8 ans. Le chat malade est maigre malgré un appétit féroce, dort peu, est agité et parfois agressif. Il boit et urine beaucoup, présente des troubles digestifs intermittents (diarrhée et vomissements) et une augmentation du rythme cardiaque, parfois associée à une insuffisance cardiaque. Le diagnostic se fait par palpation de la région thyroïdienne et par des dosages hormonaux.

VOIR > **AGRESSION** P. 12, 298, **BOULIMIE** P. 36, **DIABÈTE SUCRÉ** P. 57, **SOIF** P. 168, **SOMMEIL** P. 170

INSOMNIE **n.f.**

VOIR > **DÉPRESSION CHRONIQUE** P. 56, **RÊVE** (OU CAUCHEMAR) P. 156

INSUFFISANCE RÉNALE CHRONIQUE g.n. Défaillance progressive et irréversible de la fonction rénale.

- **LA SITUATION TYPE :** le vieux chat maigrit et perd l'appétit.
- **CE QUE PENSE LE CHAT :** « *J'ai la nausée.* »

L'avis du vétérinaire

L'insuffisance rénale chronique est, chez le chat, la deuxième cause de mortalité après le cancer. Elle apparaît lorsque plus des deux tiers des reins sont atteints. Le chat maigrit, boit et urine plus, présente de la diarrhée et des vomissements. Au stade terminal, le chat ne boit plus ou presque pas, il a des ulcères dans la bouche et son haleine sent l'urée. Enfin, il tombe dans le coma urémique et meurt. Une analyse de sang (augmentation du taux d'urée et de créatinine) et d'urine (diminution de la densité urinaire) confirme le diagnostic. Le traitement est à la fois diététique (chélateur de phosphate, alimentation spécifique) et médical (antivomitif, anti-hypertenseur, inhibiteur de l'enzyme de conversion…). Par précaution, à partir de 10 ans, faites mesurer la densité urinaire de votre chat et faites faire un bilan sanguin rénal afin de détecter, le cas échéant, un début d'insuffisance rénale chronique. Un traitement précoce améliore toujours le pronostic.

VOIR > MALPROPRETÉ P. 104, SOIF ANORMALE P. 169

Et comment va
ta prostate ?

JOUET **n.m. Objet stimulant la curiosité, l'intelligence, l'habileté et l'instinct de chasse du chat.**

• **LA SITUATION TYPE :** le chaton court après une balle de ping-pong.
• **CE QUE PENSE LE CHATON :** « *Inutile de t'enfuir, je vais t'attraper !* »

L'avis du vétérinaire

Le chaton commence à s'amuser avec des jouets dès l'âge de 3 semaines. Une boule de papier d'aluminium suffit à stimuler son intérêt. Il la pousse d'une patte, la regarde rouler, puis saute dessus pour la saisir avec ses pattes, avant de la relancer pour poursuivre le jeu. En jouant, le chaton apprend à maîtriser ses mouvements et à chasser. Une fois adulte, il est important de continuer à jouer avec son chat, surtout s'il n'a pas accès à l'extérieur et ne peut pas chasser. Les jouets qui bougent, roulent ou se balancent au bout d'une corde sont les plus appréciés, peu importe qu'ils aient ou non une forme de proie. Une tache de lumière qui se déplace est aussi stimulante qu'une balle de ping-pong. Pour démarrer le jeu, lancez-lui le jouet ou agitez-le devant ses yeux, grâce à une canne à pêche par exemple. Jouez avec lui pendant 5-10 minutes à chaque fois, mais très souvent dans la journée. Comme les enfants, au bout d'un certain temps, le chat délaisse ses jouets : il faut alors lui en proposer d'autres pour réveiller sa curiosité.

VOIR > **ANXIÉTÉ EN MILIEU CLOS** P. 27, **APPARTEMENT** P. 30, **CHASSE** P. 40, 212, 310, **PIÈCE D'ÉVEIL** P. 264, **SOURIS** P. 277

GAME CAT

LAINE **n.f. Matériau d'origine animale (mouton) utilisé par l'homme dans l'industrie textile et par le chat comme sucette.**

• **LA SITUATION TYPE :** le chat, couché sur son maître, se met à sucer son pull en laine.
• **CE QUE PENSE LE CHATON :** « *Ça me rappelle le temps où je tétais ma maman…* »

L'avis du vétérinaire

Le chat suce souvent la laine d'un pull, mais ce comportement s'exprime aussi sur d'autres supports (couverture, tapis…) et matériaux (coton, synthétique…). Il peut être à l'origine de troubles digestifs suite à l'absorption des matières sucées. Assimilable au comportement de l'enfant qui suce son pouce, il provoque un apaisement et réduit l'anxiété du chat. Il s'observe souvent dans les deux premières années du chat. Il peut être la conséquence d'un sevrage précoce (avant 6 semaines), de la pauvreté de l'environnement, du manque d'activité, d'une mauvaise hérédité (50 % des chats suceurs de laine sont des siamois), d'une carence en fibres de l'alimentation ou de troubles neurologiques. La suppression de ce comportement passe par un rééquilibrage de l'alimentation, un enrichissement de l'environnement et le jeu. Il convient également de mettre les objets sucés hors de portée et de les rendre moins attractifs en les pulvérisant avec une solution amère. La punition est à éviter car elle aggrave l'anxiété du chat et augmente son besoin de sucer. En prévention, il est recommandé de laisser les chatons siamois et apparentés en présence de leur maman jusqu'à l'âge de 12 semaines et de ne pas faire se reproduire les chats suceurs.

VOIR > **DOUDOU** P. 227, **TÉTÉE** P. 178

LIT n.m. Meuble confortable et plein d'odeurs, fréquenté pour la sieste par l'homme et le chat.

• **LA SITUATION TYPE :** le chat urine sur le lit, à l'endroit précis où se couche le nouvel ami de sa maîtresse.

• **CE QUE PENSE LE CHATON :** « *Un petit pipi pour cacher les mauvaises odeurs…* »

L'avis du vétérinaire

Le chat ne voit pas toujours d'un bon œil l'arrivée d'un nouveau locataire sous son toit. Son odeur est pour lui une véritable agression qu'il contre en la recouvrant de la sienne. C'est ainsi qu'il n'est pas rare qu'un chat, mécontent de l'installation du compagnon de sa tendre amie, en vienne à uriner dans ses chaussures, sur ses habits ou dans le lit à l'endroit précis où il se couche. Pour le remettre dans le droit chemin, ne le punissez pas, vous ne feriez qu'augmenter sa contrariété. Installez dans votre habitation un diffuseur de phéromones qui le rassureront et rangez hors de sa portée les chaussures et habits malodorants. Pour protéger le lit, installez dessus une toile cirée ou des feuilles de papiers d'aluminium. Et si rien n'y fait, interdisez-lui l'accès à la chambre ou changez de chéri(e) !

VOIR > MALPROPRETÉ P. 104, PHÉROMONES P. 328

Ciel ! mon chat !

LITIÈRE **n.f. Matière faite de particules absorbantes, destinée à recueillir les déjections des chats.**

• **LA SITUATION TYPE :** le chat ne disposant pas d'une litière à son goût va faire ses besoins dans le bac à plantes.
• **CE QUE PENSE LE CHAT :** « *Ici, c'est calme, propre et confortable.* »

L'avis du vétérinaire

La saleté de la litière, une épaisseur insuffisante ou son remplacement par une autre de granulométrie ou d'odeur différente suffissent à détourner le chat de ses « toilettes ». Pour que votre chat ne soit pas tenté d'aller faire ailleurs, respectez ses choix en matière de litière (le chaton garde souvent une préférence pour la litière de son enfance), mettez-en une couche d'au moins 3 cm et changez-la régulièrement. Si votre chat se détourne de sa litière pour aller dans vos pots de fleurs, vous pouvez l'en décourager en plaçant du papier d'aluminium autour des pots.
Les litières des chats se répartissent en deux grandes catégories : les minérales et les végétales.

> Litières minérales traditionnelles

Avantages : ces litières sont les plus économiques à l'achat.
Inconvénients : les argiles absorbent les urines, mais ne s'agglomèrent pas à leurs contacts. Elles doivent être renouvelées en totalité au minimum 1 ou 2 fois par semaine.

> Litières minérales à base de bentonite

La bentonite est une argile très absorbante dont la particularité est de s'agglomérer au contact de l'urine pour former de petites boulettes faciles à retirer du bac.

Avantages : leur consommation est considérablement réduite par rapport aux précédentes. Il suffit de jeter les boulettes d'argile pour rendre à la litière sa propreté initiale. Elles limitent la formation des mauvaises odeurs, car les urines ne stagnent pas.
Inconvénients : elles sont plus chères. Il faut retirer les mottes et compléter la litière tous les jours.

> Litières à base de silice

Ces litières minérales de couleur blanche sont récemment apparues sur le marché. Elles absorbent en quelques secondes les urines sans s'agglomérer.

Avantages : elles ne génèrent aucune poussière et neutralisent les odeurs. Certaines litières traitées prennent une couleur variable en fonction du pH urinaire et indiquent s'il y a ou non un problème urinaire.

Inconvénients : le changement de couleur de la litière au fur et à mesure de son utilisation. Ce sont les plus chères du marché.

> Litières végétales

Elles sont fabriquées à partir de pin, de rafles de maïs ou de paille de lin. Ce sont les plus écologiques. Leur pouvoir absorbant varie.

Avantages : elles ne génèrent aucune poussière, sont biodégradables et naturellement parfumées. Une fois utilisées, il est possible de les répandre comme compost dans le jardin.

Inconvénients : les chats habitués à une litière minérale ont parfois des difficultés à utiliser une litière végétale. Elles sont légères et s'éparpillent facilement en dehors du bac. Leur granulométrie est importante.

VOIR > LITIÈRE (BAC À) P. 101, MALPROPRETÉ P. 104, ODEUR DES URINES P. 122, PROPRETÉ P. 148, 330

◆ ***Bac à litière*** **g.n. Récipient rectangulaire, ouvert ou fermé, contenant la litière pour chat.**

• **LA SITUATION TYPE :** le chat refuse d'utiliser son bac situé près du lieu où il mange.
• **CE QUE PENSE LE CHAT :** « *On ne mélange pas les toilettes et le restaurant !* »

L'avis du vétérinaire

Si votre chat n'a pas accès à l'extérieur, il faut lui mettre à disposition un bac à litière. Mais attention, le chat ne fait pas ses besoins n'importe où. Si vous voulez que votre chat utilise son bac, celui-ci doit être placé dans un coin isolé, sécurisé, facilement accessible et loin de ses aires de repos, de jeux et d'alimentation. En pratique, il est conseillé d'installer autant de bacs que de chats plus un, et au moins un bac par étage.
En matière de bac, toutes les formes existent. Choisissez-en un assez grand pour que le chat puisse facilement se retourner. Si vous optez pour un bac fermé, achetez-en un assez haut pour que le chat puisse se tenir assis et debout avec aisance. Évitez les portes battantes qui limitent l'aération et donnent au chat l'impression d'être enfermé. Une fois que vous aurez choisi l'emplacement et la forme de vos bacs, n'en changez plus. Le simple fait de modifier la couleur, le type de bac (ouvert/fermé) ou son emplacement peut inciter votre chat à faire ailleurs.

VOIR > ANXIÉTÉ EN MILIEU CLOS P. 27, DÉMÉNAGEMENT P. 52, MALPROPRETÉ P. 104

MAL DES TRANSPORTS g.n. Malaise ressenti lors d'un voyage en voiture.

• **LA SITUATION TYPE :** le chat, au cours d'un trajet en voiture, miaule, salive et vomit à l'intérieur de sa cage de transport.
• **CE QUE PENSE LE CHAT :** *« Je ne me sens pas bien, j'ai la nausée. »*

L'avis du vétérinaire

N'attendez pas le jour du départ pour faire goûter à votre chat les joies de la voiture ! Cela lui permettra de s'y habituer et d'y trouver sa place. Le mal des transports est provoqué à la fois par le stress et les stimulations de l'oreille interne (centre de l'équilibre). Il se traduit par de la salivation, des vomissements, des vocalises, des mictions, de la diarrhée et de l'énervement. Pour l'éviter, voici quelques conseils :

1. Demandez à votre vétérinaire qu'il vous prescrive un médicament contre le mal des transports que vous administrerez à votre chat une demi-heure avant de démarrer.
2. Ne lui donnez qu'un léger repas avant le départ. Si votre trajet ne dure pas trop longtemps, maintenez-le à la diète.
3. Habituez le plus tôt possible votre chat à sa cage en la lui laissant à disposition dans votre habitation.
4. Pour le rassurer, pulvérisez dans sa cage une demi-heure avant le départ un spray à base de phéromones faciales apaisantes.
5. Conduisez doucement et prudemment.
6. Munissez-vous d'un brumisateur pour l'asperger d'eau en cas de grosse chaleur. Si vous possédez la climatisation, maintenez la température aux alentours de 20 °C.

7. Arrêtez-vous au minimum toutes les 2 heures pour qu'il se dégourdisse les pattes, se désaltère et fasse ses besoins.
8. En cas de vomissements, ne le punissez pas, vous ne feriez qu'augmenter son stress. Restez zen et arrêtez-vous pour nettoyer.

VOIR > **CAGE DE TRANSPORT** P. 38, **DÉMÉNAGEMENT** P. 52, **PUNITION** P. 270, **STRESS** P. 280, **VOITURE** P. 188

MALPROPRETÉ n.f. Dépôt d'urine par le chat en dehors de sa litière. Cause fréquente de mésentente avec les humains.

• **LA SITUATION TYPE :** le chat souffrant d'une cystite urine quelques gouttes sur le tapis du salon.
• **CE QUE PENSE LE CHAT :** « *Je ne sais pas me retenir.* »

L'avis du vétérinaire

La malpropreté urinaire peut avoir de nombreuses origines. Pour en découvrir la cause, il est important, dans un premier temps, de déterminer s'il s'agit de mictions inappropriées (le chat urine accroupi, en grande ou en petite quantité en cas de cystite, la queue à l'horizontale sur un support horizontal) ou de marquage urinaire (le chat urine debout, en petite quantité, la queue à la verticale sur un support vertical, à une dizaine de centimètres du sol).
Dans le cas de mictions inappropriées, les causes peuvent être les suivantes :
> La maladie : de nombreuses maladies sont à l'origine de malpropreté. C'est le cas des affections de l'appareil urinaire (cystite, incontinence…), qui empêchent le chat de se retenir ; du diabète, provoquant une soif intense et une augmentation des mictions ; mais aussi des douleurs articulaires qui rendent l'accès à la litière douloureux. C'est la raison pour laquelle un examen médical minutieux s'impose avant de conclure à un trouble du comportement.

NON AUX LITIÈRES SALES
ASSEZ !

> L'ignorance : grâce à sa mère, l'apprentissage de la propreté chez le chaton est très rapide. Ce n'est pas toujours le cas des chatons orphelins, à qui il faut apprendre à utiliser un bac et une litière qu'ils ne connaissent pas.

> L'inconfort : en matière de bac et de litière, le chat a ses habitudes. Un bac utilisé par d'autres chats, ou inaccessible, placé à côté de sa gamelle ou dans un lieu de passage, une litière sale ou récemment achetée suffisent à détourner votre chat de ses « toilettes ». Il se choisit alors un endroit plus tranquille et confortable pour se soulager.

> Un traumatisme : une mise en force du chat sur sa litière, une peur ou une douleur ressentie par le chat lorsqu'il est dans son bac (par exemple, s'il souffre d'une maladie douloureuse de l'appareil urinaire ou digestif) peuvent le détourner de son lieu d'aisance.

> Le mécontentement : suite à une vexation, l'arrivée d'une personne ou d'un animal dans la maison, une punition, le chat exprime son mécontentement en urinant en dehors de sa litière (sur un linge, un vêtement…). Ce type de malpropreté reste occasionnel.

> L'anxiété : elle peut se traduire à la fois par du marquage urinaire, mais aussi par des mictions inappropriées.

> La dépression : le chat déprimé n'a plus aucune activité, si ce n'est des activités substitutives ; il n'a plus le courage de se déplacer jusqu'à sa litière et élimine là où il est.

> La vieillesse : avec l'âge, le chat peut avoir du mal à accéder à sa litière ou à se retenir, surtout s'il souffre de sénilité.

Dans le cas de marquage urinaire, les causes peuvent être les suivantes :

> La recherche d'un partenaire sexuel : le marquage urinaire sexuel débute à la puberté. Chez le mâle, il est déclenché par la proximité d'une femelle en chaleur. Chez la femelle, il a lieu durant la période des chaleurs.

> L'expression d'un mal-être : le marquage urinaire réactionnel survient en réaction à une modification du milieu de vie : déménagement, changement ou déplacement du mobilier, travaux de rénovation (peinture), intrusion d'un autre animal ou d'une personne inconnue, surpopulation… Ce marquage urinaire est une réaction normale du chat face à une situation perturbante. Il s'interrompt spontanément lorsque le chat retrouve son équilibre. Dans le cas contraire, le chat peut devenir anxieux et le marquage redoubler d'intensité.

Même pris sur le fait, ne punissez jamais directement votre chat malpropre et ne le mettez pas de force sur sa litière : vous ne feriez qu'aggraver la situation.

VOIR > **ANXIÉTÉ** P. 26, **CYSTITE** P. 51, **DÉMÉNAGEMENT** P. 52, **DÉPRESSION** P. 54, **DIABÈTE SUCRÉ** P. 57, **LITIÈRE** P. 98, **MARQUAGE URINAIRE RÉACTIONNEL ET SEXUEL** P. 112 ET 113, 323, **PROPRETÉ** P. 148, 330, **PUNITION** P. 270, **SÉNILITÉ** P. 167, **SURPOPULATION** P. 172

MARQUAGE n.m. Action de marquer son territoire ou des êtres vivants par le dépôt de phéromones, d'urine ou de griffades.

Le marquage permet au chat de baliser son territoire, de communiquer avec ses congénères, de se rassurer, de reconnaître des êtres familiers et de signaler un danger. Il est réalisé par le dépôt de phéromones, d'urine ou de griffades.

◆ ***Marquage d'alarme*** **g.n. Marque indiquant un danger.**

• **LA SITUATION TYPE :** le chat transpire des coussinets et vide ses glandes anales sur la table et la blouse du vétérinaire.
• **CE QUE PENSE LE CHAT :** « *Attention, lieu à éviter !* »

L'avis du vétérinaire

Les sacs anaux, appelés aussi « glandes anales », sont deux petites poches situées de chaque côté de l'anus qui débouchent dans le rectum grâce à deux canaux excréteurs. Ils produisent un liquide brunâtre plus ou moins épais et très odorant. Suite au stress, consécutif à une manœuvre douloureuse ou effrayante effectuée pendant l'examen clinique, le chat vide ses glandes anales et/ou transpire des coussinets. Ces sécrétions, riches en phéromones d'alarme, marquent la table et la blouse du vétérinaire. Grâce à ces messages chimiques, le chat suivant est informé du sale quart d'heure que son congénère a passé avant lui. La consultation risque alors d'être mouvementée. Pour éviter cela, le vétérinaire doit veiller à bien nettoyer sa table et à changer de blouse, le cas échéant, entre chaque patient.

VOIR > PHÉROMONES P. 328, VÉTÉRINAIRE P. 186

◆ ***Marquage facial*** **g.n. Dépôt de phéromones produites par les glandes situées entre la commissure des lèvres et la base de l'oreille sur des objets ou êtres familiers.**

- **LA SITUATION TYPE :** le chat se frotte contre le pied de la chaise.
- **CE QUE PENSE LE CHAT :** « *Ici, c'est mon domaine !* »

L'avis du vétérinaire

En se frottant les joues, les lèvres, le menton sur les objets situés dans son environnement, le chat dépose des phéromones qui servent à baliser son territoire. Ces marques sont particulièrement nombreuses le long des voies de passage et aux bornes des différents champs territoriaux. Les lieux de marquage sont généralement les endroits saillants du territoire : meubles, chambranles des portes, pieds de chaise, coins du canapé, arbres, coins de l'abri de jardin… Ces marques jouent un rôle apaisant, l'objet marqué devenant un objet familier, et facilitent l'orientation du chat. Le chat se frotte aussi de la même manière sur les jambes des humains qu'il côtoie, son maître en particulier. Ce bonjour, très apprécié, lui sert avant tout à déposer ses phéromones sur ceux qu'il considère comme familiers. Il en fait de même sur les animaux, chien ou chat, qui font partie de son cercle d'amis. Ce marquage social est, pour le chat, une façon de se rassurer ; grâce à lui, il reconnaît les individus dont il n'a rien à craindre.
Ces marques de familiarisation ne résistant pas au temps et au lavage, le chat doit régulièrement venir les renouveler. Leur disparition, suite à un déménagement ou à un changement de mobilier, peut être à l'origine d'anxiété et de marquage urinaire.

VOIR > **ANXIÉTÉ DE DÉTERRITORIALISATION** P. 27, **DÉMÉNAGEMENT** P. 52, **MARQUAGE URINAIRE RÉACTIONNEL** P. 112, **PHÉROMONES** P. 328, **TERRITOIRE** P. 176

◆ ***Marquage urinaire*** **g.n. Traces d'urine répandues sur des supports verticaux.**

Le chat urine debout, dos au mur, meuble, arbre ou autre support vertical, la queue dressée à la verticale. La trace d'urine laissée en hauteur attire les autres chats et déclenche chez eux une réaction de flehmen. Le marquage urinaire est de deux types.

> Marquage urinaire réactionnel g.n. Traces d'urine répandues lors d'une déstabilisation émotionnelle.

- **LA SITUATION TYPE :** le chat urine sur les murs de l'appartement qui vient d'être entièrement redécoré.
- **CE QUE PENSE LE CHAT :** « *Je suis perdu sans mes marques !* »

L'avis du vétérinaire

Le marquage urinaire réactionnel ressemble au marquage urinaire sexuel (jet d'urine horizontal sur un support vertical), mais n'est pas lié à une quelconque activité sexuelle. Il apparaît chez le chat stressé ou anxieux. Il peut faire suite à la disparition des marques apaisantes (marquage faciale) déposées dans son environnement : déménagement, travaux d'intérieur, changement ou déplacement de meubles, nettoyage de printemps… Il peut être aussi déclenché par l'arrivée d'un nouvel individu (chat, chien, humain…), une surpopulation, la présence d'autres marques urinaires, une punition ou l'absence du maître. Dans tous les cas, ne punissez pas votre chat : vous ne feriez qu'augmenter son stress et aggraver la situation. Pour nettoyer les traces, évitez les produits ammoniaqués ou chlorés (eau de Javel) qui favorisent le marquage, mais utilisez plutôt une solution d'eau et de vinaigre blanc, ou un absorbeur d'odeur. Appliquez sur les endroits marqués un spray apaisant à base de phéromones faciales. Si tout ne rentre pas dans l'ordre, consultez votre vétérinaire. N'attendez pas : les urines émises par un chat anxieux contiennent des phéromones d'alarme qui déclenchent du marquage du chat ou de congénères et détériorent encore la situation.

VOIR > **ANXIÉTÉ** P. 26, **COHABITATION** P. 215, 314, **DÉMÉNAGEMENT** P. 52, **FLEHMEN** P. 70, **LIT** P. 96 **MALPROPRETÉ** P. 104, **MARQUAGE FACIAL** P. 110, **MARQUAGE URINAIRE SEXUEL** P. 323, **PUNITION** P. 270, **STRESS** P. 280, **SURPOPULATION** P. 172

> Marquage urinaire sexuel g.n. Traces d'urine répandues pour attirer le sexe opposé.

• **LA SITUATION TYPE :** le chat se frotte contre un arbre, puis se retourne et urine à l'horizontale, la queue dressée et frémissante.
• **CE QUE PENSE LE CHAT :** *« Je cherche une partenaire. »*

L'avis du vétérinaire

Le marquage sexuel débute à la puberté. Il facilite les rencontres entre mâles et femelles. Chez le mâle, il est déclenché par la proximité d'une ou plusieurs femelles en chaleur. Chez la femelle, il a lieu durant la période des chaleurs.

VOIR > **MALPROPRETÉ** P. 104, **MARQUAGE URINAIRE SEXUEL** P. 323

MIAULEMENT n.m. Vocalise plus ou moins mélodieuse utilisée par le chat pour communiquer.

• **LA SITUATION TYPE :** le chat miaule en regardant sa gamelle qui est vide.
• **CE QUE PENSE LE CHAT :** « *Elles arrivent mes croquettes ?* »

L'avis du vétérinaire

Le « miaou » est le son le plus utilisé par le chat pour attirer l'attention de son maître. Il est émis dans de très nombreuses circonstances : pour saluer, pour réclamer (ouverture de porte, alimentation, caresse…), pour se plaindre ou pour appeler au secours. En fonction des réponses obtenues suite à ses miaulements divers, le chat apprend à communiquer avec son maître et à obtenir ce qu'il désire. Cette forme de communication se développe avec le temps et renforce les liens qui l'unissent à son maître. Plus vous écouterez votre chat et répondrez à ses sollicitations, plus vous l'encouragerez à vous parler. Abandonné ou séparé de son maître, le chat souffre de la disparition de ce mode de communication.
Cependant, tous les chats ne sont pas aussi bavards. Les siamois et les chats de race orientale ont le « miaou » facile. En revanche, l'abyssin, le persan, le chartreux et le maine coon brillent par leur discrétion. Parfois, le chat miaule sans qu'aucun son ne sorte de sa bouche. En fait, il n'en est rien : il émet simplement des sons trop aigus, inaudibles à l'oreille humaine. Les chats aussi ont leurs petits secrets !

* Traduction : « J'ai finalement saisi ta conceptualisation primaire et ton sabir incertain, mais je ne suis pas ta chose. Et si jamais tu jettes cette souris – qui d'ailleurs est fausse –, j'irai peut-être l'attraper, mais je ne la rapporterai pas. Tu iras la chercher toi-même… »

MOUSTACHE n.f. Ensemble des poils tactiles, longs et raides, situés de chaque côté du museau des chats.

• **LA SITUATION TYPE :** le chat face à un passage étroit déploie ses vibrisses en éventail.
• **CE QUE PENSE LE CHAT :** « *Voyons si je peux passer.* »

L'avis du vétérinaire

Le chat possède, de chaque côté du nez et sur quatre rangées, une quinzaine de poils. Ces longs poils raides, appelés « vibrisses », sont enfoncés profondément dans la peau et entourés à leur base par une multitude de terminaisons nerveuses. Grâce à de petits muscles situés à leur base, le chat est capable de les orienter à sa guise, vers l'avant ou l'arrière. Extrêmement sensibles, ces vibrisses renseignent le chat sur le moindre mouvement ou courant

d'air. Elles lui permettent également de repérer des obstacles, d'identifier des objets dans l'obscurité, de se faufiler dans des passages très étroits et de chasser avec une grande efficacité. En contact avec la proie, avant même que le chat ne l'ait saisie, elles le renseignent sur l'endroit précis où il doit planter ses crocs pour la tuer.
Elles indiquent aussi son humeur :
> Dirigées vers l'avant en éventail : « Je suis en action. »
> Étalées sur le coté : « Je suis décontracté. »
> Plaquées le long des joues : « J'ai peur ! »
La taille des moustaches varie suivant la race. Elles sont longues chez le chat européen, courtes et frisottées chez le rex cornish et absentes chez le sphinx. D'autres vibrisses, plus discrètes, sont présentes sur le dessus des yeux, les joues, le menton et même l'extrémité des pattes antérieures. Rassurez-vous : si vous coupez accidentellement les moustaches de votre chat, d'autres viendront les remplacer. Toutefois, durant le temps de la repousse, votre chat aura plus de difficultés à se déplacer la nuit et à chasser. Les souris auront alors un peu de répit !

VOIR > CHASSE P. 40, 212, 310

MUE **n.f. Renouvellement périodique du pelage des chats.**

• **LA SITUATION TYPE :** le chat, au début de l'été, laisse des poils partout dans la maison.
• **CE QUE PENSE LE CHAT :** « *La température se réchauffe, il est temps que je me débarrasse de ma fourrure d'hiver.* »

L'avis du vétérinaire

Le cycle du poil est sous l'influence de facteurs environnementaux (durée d'ensoleillement, température), alimentaires, hormonaux et génétiques. Théoriquement, la mue a lieu 2 fois par an. La perte maximale de poils intervient au début de l'été et la perte minimale au début de l'hiver. Cela permet au chat d'avoir un pelage dense en période froide et un plus léger en période chaude. Seuls les chats vivant à l'extérieur ont une mue vraiment marquée. Les autres, soumis à l'éclairage artificiel et au chauffage des habitations, perdent leurs poils de façon quasi permanente, avec une légère augmentation en période de mue. Une perte de poils plus abondante peut également se produire après un stress important, comme une mise bas ou une maladie.
Pour éliminer les poils morts et accélérer la repousse du poil en période de mue, brossez et peignez plus fréquemment votre chat. Vous éviterez en plus qu'il n'avale trop de poils.
Pour apporter à votre chat tous les nutriments indispensables au renouvellement de sa fourrure, optez pour une alimentation industrielle haut de gamme, riche en protéines de qualité et

enrichie en acides gras essentiels, vitamines et oligoéléments, surtout s'il a une toison abondante. Vous pouvez aussi compléter son alimentation habituelle par des comprimés de levure de bière riche en vitamines B (les chats en raffolent) ou un complément minéral vitaminé.

VOIR > **BOULE DE POILS** P. 35, **TOILETTAGE** P. 180, 292

OBÉSITÉ n.f. Excès de poids par augmentation de la masse adipeuse de l'organisme.

• **LA SITUATION TYPE :** le chat trop gros n'arrive plus à se toiletter le bas du dos.
• **CE QUE PENSE LE CHAT :** *« Ce n'est pas la volonté qui me manque de me faire beau, mais la souplesse ! »*

L'avis du vétérinaire

L'obésité est due à une augmentation anormale de la quantité de tissus graisseux. Près d'un tiers des chats en souffrent et leur nombre ne cesse d'augmenter.
> Les critères d'obésité : un animal est obèse quand son poids est supérieur de plus de 20 % à son « poids idéal » (poids de forme en fin de croissance). Un chat ayant un poids idéal de 4 kg à l'âge de 1 an sera considéré en surpoids entre 4 et 4,8 kg et obèse au-delà de 4,8 kg.
> Comment apprécier l'état d'embonpoint du chat :
Poids idéal : taille visible en arrière des côtes, côtes palpables sous une fine couche de graisse.
Surpoids : côtes difficilement palpables sous la couche de graisse, taille peu visible, abdomen rond.
Obèse : côtes non palpables sous une épaisse couche de graisse, abdomen distendu, dépôts de graisse sur les membres, le cou et les lombes.
> Les facteurs favorisant l'obésité : les principales causes sont la surconsommation alimentaire (friandises, accès libre à une alimentation très appétente) et le manque d'exercice. Le chat

d'intérieur a un risque d'obésité de 40 % plus élevé que le chat ayant accès à l'extérieur. La stérilisation augmente également le risque d'obésité. Enfin, certains médicaments (corticoïdes, contraceptif), des affections hormonales (syndrome de Cushing, hypothyroïdie), le stress, l'anxiété ou la dépression peuvent entraîner une augmentation de la prise alimentaire et une surcharge pondérale. Avant de mettre un chat obèse au régime, un examen médical est donc indispensable.

> *Les conséquences de l'obésité sur la santé* : l'obésité entraîne une perte de vivacité, majore l'incidence des affections cardio-vasculaires, des maladies cutanées et de l'arthrose, réduit la résistance aux infections, favorise le diabète sucré, diminue la fertilité, accroît les difficultés à la mise bas, augmente les risques d'anesthésie et réduit considérablement l'espérance de vie.

> *Le traitement de l'obésité* : l'amaigrissement passe par une augmentation de l'exercice physique (jeux, arbre à chat avec portiques d'activités, sorties à l'extérieur), mais surtout une réduction de l'apport calorique journalier grâce à une alimentation spécifique.

Attention, ne privez jamais votre chat de nourriture pour le faire maigrir. Cela pourrait lui occasionner de graves lésions du foie.

VOIR > **ALIMENTATION** P. 18, 198, **ANXIÉTÉ** P. 26, **BOULIMIE** P. 36, **DÉPRESSION** P. 54, **DIABÈTE SUCRÉ** P. 57, **STÉRILISATION FEMELLE ET MÂLE** P. 278 ET P. 279, **STRESS** P. 280

ODEUR n.f.

VOIR > FLEHMEN P. 70, ODEUR DES URINES CI-DESSOUS, ODORAT P. 124, PHÉROMONES P. 328

ODEUR DES URINES g.n. Émanation forte provenant de l'urine du chat mâle en âge de se reproduire.

- **LA SITUATION TYPE :** le chat mâle, arrivé à la puberté, urine et embaume toute la maison.
- **CE QUE PENSE LE CHAT :** « *En voilà une odeur de vrai mâle !* »

L'avis du vétérinaire

L'odeur si caractéristique du chat est due à la présence, dans ses urines, d'un acide aminé soufré particulier, la félinine, qui se décompose avec le temps en composés aromatiques à odeur forte. Elle apparaît vers l'âge de 6 mois et sa concentration est liée au taux d'hormones mâles (testostérone) circulant. Vous comprendrez pourquoi ces dames ont une odeur plus discrète que ces messieurs. La castration permet de réduire de 80 % cette odeur désagréable. C'est d'ailleurs la principale raison, avec les fugues, qui conduit les chats sur la table d'opération du vétérinaire. Des chercheurs sont parvenus à synthétiser la félinine. Selon eux, elle permettrait de faire fuir les rongeurs. Il suffit, pour cela, de la répandre aux endroits à protéger (le produit n'est pas encore commercialisé).

VOIR > FLEHMEN P. 70, MARQUAGE URINAIRE SEXUEL P. 113, 323, PUBERTÉ P. 332, STÉRILISATION MÂLE P. 279

FINIES LES CORVÉES DE MARQUAGE
URINO
URINODOR
POUR NOUS LES MÂLES
URINODO

ODORAT n.m. Sens permettant la perception des odeurs et des phéromones présentes dans l'environnement.

• **LA SITUATION TYPE :** le chat renifle avec attention la veste d'un invité.
• **CE QUE PENSE LE CHAT :** « *En voilà une nouvelle odeur bien intéressante…* »

L'avis du vétérinaire

Le chat a un odorat moins performant que le chien, mais nettement plus que l'homme. Sa muqueuse nasale s'étend sur environ 20 cm^2 contre 2 à 3 cm^2 chez l'homme et il dispose en plus d'un organe voméro-nasal dédié à la détection des phéromones. Grâce à son odorat développé, le chaton est capable de reconnaître l'odeur de sa mère et l'adulte celle de son maître ou des chats du quartier. Parmi toutes les odeurs, le chat est particulièrement sensible à celles de son alimentation (un sac de croquettes mal conservé ou une boîte ouverte depuis plusieurs heures sont immédiatement détectés et boudés), aux parfums de certaines plantes (valériane, cataire…), aux odeurs véhiculés par les vêtements, les chaussures et autres objets provenant de l'extérieur, puis enfin aux produits ammoniaqués ou chlorés. La présence de nouvelles odeurs dans son environnement peut parfois perturber le chat au point de déclencher chez lui du marquage urinaire. C'est le cas, par exemple, de la veste d'un invité malencontreusement déposée sur le siège d'un fauteuil, du pack d'eau rapporté du supermarché ou du colis postal fraîchement livré. Mais la disparition de ses marques faciales suite à un déménagement, des travaux de décoration… peut aussi être à l'origine d'un arrosage ciblé du mobilier et des murs.

VOIR > **ALIMENTATION** P. 18, 154, **DÉMÉNAGEMENT** P. 198, **FLEHMEN** P. 70, **HERBE-À-CHAT** P. 82, **MARQUAGE URINAIRE RÉACTIONNEL** P. 112, **ODEUR DES URINES** P. 122

ONYCHOPHAGIE n.f. Acte de se ronger les griffes, exacerbé lors d'état anxieux.

• **LA SITUATION TYPE :** le chat anxieux se ronge les griffes des pattes antérieures.
• **CE QUE PENSE LE CHAT :** « *Me ronger les griffes m'apaise.* »

L'avis du vétérinaire

Le chat a besoin de griffes parfaitement aiguisées pour se déplacer avec aisance sur son territoire, chasser et se défendre avec efficacité. Leur entretien est indispensable. Pour cela, il élimine régulièrement les gaines usagées, en frottant les griffes de ses pattes antérieures sur différents supports présents sur son territoire (arbre, meuble, arbre à chat) et en rongeant celles de ses pattes postérieures.
Mais, parfois, le rongement de ses griffes par le chat devient incessant et dépasse le cadre purement hygiénique pour devenir un moyen d'apaiser un mal de vivre (la stimulation des terminaisons nerveuses de la peau entraîne la production de bêta-endorphines apaisantes). Dans ce cas, le chat s'attaque aussi bien aux griffes de ses pattes antérieures que postérieures. Cette onychophagie est souvent associée à d'autres signes d'anxiété : agression, toilettage excessif, marquage, malpropreté…
À force de se ronger les griffes, des complications infectieuses et des boiteries surviennent et amènent le propriétaire à consulter le vétérinaire. Ce dernier doit alors non seulement

traiter les lésions des griffes, mais aussi l'anxiété du chat sous peine de récidive.

VOIR > **AGRESSION** P. 12, 298, **ALOPÉCIE** P. 20, **ANXIÉTÉ** P. 26, **DÉPRESSION CHRONIQUE** P. 56, **ENVIRONNEMENT** P. 63, **GRIFFE** P. 78, **MALPROPRETÉ** P. 104, **MARQUAGE** P. 108, **TOILETTAGE** P. 180, 292

ORDINATEUR n.m. Objet composé d'une fenêtre affichant des images et d'un tapis rigolo qui s'enfonce quand on marche dessus.

• **LA SITUATION TYPE :** le chat monte sur le bureau et tape avec ses pattes sur le clavier de l'ordinateur.
• **CE QUE PENSE LE CHAT :** « *J'adore marcher sur ce tapis mou et chaud, et en plus, ça fait des images !* »

L'avis du vétérinaire

Aujourd'hui, le clavier de l'ordinateur fait partie de l'environnement naturel de tous chats de maison. Curieux comme il est, pas étonnant qu'il aille y mettre les pattes. Son compagnon humain y passe beaucoup de temps et il y trouve plein d'odeurs intéressantes. À moins que ce soit la souris et sa longue queue qui l'attirent ! Certains le trouvent tellement confortable (le clavier des ordinateurs portables est chaud) qu'ils y poussent même un petit roupillon. Si vous ne voulez pas que votre chat envoie un email à votre patron sans votre autorisation ou, pire, qu'il endommage votre ordinateur, éteignez-le en votre absence. Vous pouvez aussi installer un petit logiciel édité par une société américaine (PawSense) qui détecte les pattes de chat, émet un son désagréable et bloque automatiquement le clavier.

VOIR > RADIATEUR P. 152

Mais il
est où, cet
oiseau ?

OREILLE **n.f. Terme désignant la partie externe de l'appareil auditif qui sert à capter les sons.**

• **LA SITUATION TYPE :** le chat sur la terrasse, les oreilles bien droites, fait pivoter l'une d'elles vers un endroit du jardin.
• **CE QUE PENSE LE CHAT :** « *Un bruit sur mon territoire ?* »

L'avis du vétérinaire

Les oreilles du chat sont très mobiles et peuvent bouger indépendamment l'une de l'autre. Même si elles ne peuvent pas, à elles seules, renseigner sur son humeur du moment, elles donnent de très bonnes indications.
> Bien droites, dirigées vers l'avant : « Tout va bien ! »
> Bien droites, dirigées dans différentes directions : « Qu'est-ce qu'il se passe ? J'ai entendu un bruit bizarre ! »
> Aplaties sur le côté : « Gare à toi, je vais me défendre ! »
> Plaquées en arrière sur la tête : « Je sens que ça va vraiment mal finir ! »
Méfiez-vous des quiproquos ! Le scottish fold a la particularité d'avoir des oreilles petites, pliées vers l'avant, un peu comme une casquette. À en croire ses oreilles, il serait toujours sur la défensive et, pourtant, c'est un chat particulièrement doux et affectueux.

VOIR > **AGRESSION** P. 12, 298, **QUEUE** P. 150

PELAGE **n.m.**

VOIR > **ALOPÉCIE** P. 20, **MUE** P. 118, **PUCE** P. 149, **TOILETTAGE** P. 180, 292

Je ne le sens pas,
celui-là, avec ses
oreilles en
avant !

PANTALON n.m. Arbre à chat mobile donnant accès à une vue panoramique.

• **LA SITUATION TYPE :** le chaton grimpe sur le pantalon de son maître qui le prend et le place sur son épaule.
• **CE QUE PENSE LE CHAT :** « *Facile à gravir, cette paroi, et en plus, j'ai le droit à l'ascenseur !* »

L'avis du vétérinaire

Un chaton est curieux de nature et plein d'énergie. Pas étonnant qu'il s'essaie à l'escalade sur votre pantalon, surtout s'il s'agit d'un jean où il est facile de planter ses griffes. Si vous le laissez faire et si vous le prenez dans vos mains pour le placer sur votre épaule, il risque fort d'y prendre goût. La vue est belle de là-haut ! Et vous rigolerez moins quand il aura son poids adulte et que ses griffes viendront vous écorcher les cuisses. Soyez ferme, votre chat doit vous considérer comme un être humain sensible et non comme un vulgaire mur d'escalade. Pour lui faire comprendre, secouez votre jambe pour le faire retomber sur la terre ferme et amenez-le sur un véritable arbre à chat que vous aurez pris soin de lui offrir dès son arrivée.

VOIR > ARBRE À CHAT P. 202, HYPERACTIVITÉ P. 84, RIDEAU P. 160

Tu devrais mettre un pull !

PAPIER TOILETTE n.m. Objet de convoitise présent en milieu humide dans les habitations humaines.

• **LA SITUATION TYPE :** le chat déroule le rouleau de papier toilette et le réduit en petits morceaux.
• **CE QUE PENSE LE CHAT :** « *En matière de chasse au papier toilette, je suis imbattable !* »

L'avis du vétérinaire

Le chat est un joueur dans l'âme, l'ennui est pour lui la pire des punitions. S'il n'a pas accès à l'extérieur et à ses multiples distractions, et s'il ne dispose pas de jouets ou d'occupations (arbre à chat, griffoir, sites d'observation, aquarium…) à son goût, il détournera un ou plusieurs objets de la maison. Parmi tous ceux disponibles, le papier toilette en rouleau et l'essuie-tout exercent sur le chat une véritable attraction. Le chat est un prédateur et, même si le papier toilette est une proie sans défense, il lui permet d'exprimer ses talents de chasseur. S'il ne réussit pas à le détacher de son support pour l'emporter avec lui, il le déroulera consciencieusement pour en faire des confettis ou le déchiquettera à coups de griffes et de crocs. Pour protéger vos rouleaux de papier, mettez-les hors de sa portée, fournissez-lui d'autres distractions tout aussi intéressantes et donnez-lui, si vous le pouvez, la permission de sortir.

VOIR > ARBRE À CHAT P. 202, CHATIÈRE P. 44, JOUET P. 92

PQ
EDUCATIF
oiseau
crapaud
souris

PERSONNALITÉ n.f. Façon originale d'aborder la vie, qui rend chaque chat précieux, unique et irremplaçable.

- **LA SITUATION TYPE :** le chat persan reste sans bouger sur le buffet à contempler la salle à manger.
- **CE QUE PENSE LE CHAT :** « *La zen attitude, c'est de famille !* »

L'avis du vétérinaire

Chaque chat a sa propre personnalité. Tout le monde connaît le caractère placide du persan opposé à celui extraverti du siamois. Adopter et aimer un chat, c'est accepter ses défauts comme ses qualités. Même si prévoir sa personnalité est difficile, il est possible, en s'intéressant à sa race, ses origines et son entourage, d'en imaginer les grandes lignes et d'éviter ainsi un divorce préjudiciable aux deux parties. Déjà à l'état de fœtus, le chaton s'imprègne du caractère de sa maman. Par la suite, c'est la richesse de son environnement et les qualités de son éleveur qui vont déterminer son assurance, sa confiance en lui, sa curiosité, son intelligence et ses sentiments face aux espèces humaines et animales qu'il sera amené à côtoyer. Mélange d'inné et d'acquis, la personnalité du chat est le fruit d'une alchimie secrète dont l'amour est le liant. Plus il aura été aimé par sa maman et choyé par son éleveur, plus il sera équilibré et agréable à vivre.

VOIR > ENVIRONNEMENT P. 63, FŒTUS P. 232, PIÈCE D'ÉVEIL P. 264, TEST DE RÉACTIVITÉ P. 286, TEST DE SOCIABILITÉ P. 288

Câlin, Chaton !
RÔÔÔÔÔÔÔÔÔÔÔÔÔ

PÉTRISSAGE n.m. Mouvement de pédalage des pattes antérieures, souvent accompagné de ronronnement effectué par le chaton sur les mamelles maternelles et par l'adulte sur différents supports.

- **LA SITUATION TYPE :** le chat pétrit le ventre de son maître avant de s'endormir sous ses caresses.
- **CE QUE PENSE LE CHAT :** *« Je suis bien avec toi ! »*

L'avis du vétérinaire

Au moment de la tétée, le chaton ronronne tout en malaxant les mamelles gorgées de lait de sa mère avec ses pattes antérieures. Il stimule ainsi la production de lait. En grandissant, la mère repousse son chaton, mais ce comportement infantile peut persister. Il se produit sur la couche où le chat s'apprête à se reposer ou sur les genoux, le ventre de son maître. Le chat enfonce l'une puis l'autre de ses pattes antérieures sur le support, puis une fois ce petit pétrissage effectué, il s'endort paisiblement sur sa couche ou sur les genoux, la tête blottie contre son maître, en rêvant sans doute au bon vieux temps où il pouvait se coller tout contre le ventre maternel. Associé au ronronnement, ce moment d'intimité avec son maître est toujours un plaisir partagé.

VOIR > MAMELLES P. 322, RITUEL P. 162, 336

Eh! Je ne suis pas celle que tu crois !

PHOBIE **n.f. Peur excessive déclenchée par la présence ou l'idée anticipative d'un objet ou d'une situation spécifique.**

- **LA SITUATION TYPE :** le chat court se réfugier sous un meuble à la vue du vétérinaire.
- **CE QUE PENSE LE CHAT :** « *Fuyons, je n'ai pas confiance !* »

L'avis du vétérinaire

La phobie est une réaction de peur exagérée face à un événement de la vie courante. Elle apparaît chez le chaton adopté tardivement, dont l'ouverture au monde n'a pas été réalisée, et chez l'adulte, suite à un événement traumatisant. Face à un stimulus (aspirateur, voiture, vétérinaire...), le chat phobique prend la fuite, se rapproche de son maître, fait le mort, se met à cracher, voire à agresser par peur. Son cœur se met à battre la chamade, il peut saliver abondamment, uriner ou avoir de la diarrhée. Les phobies les plus fréquentes concernent les humains (enfant, adulte) et les bruits forts (voiture, mobylette, détonation...). Avec le temps, le chat peut anticiper le stimulus et lui en associer d'autres, comme un lieu, un bruit, un contexte : sa phobie devient alors de plus en plus difficile à gérer. Ainsi, la phobie de l'orage peut entraîner celle de la pluie, ou la phobie du vétérinaire être à l'origine de celles de la voiture et de la cage de transport.

VOIR > **CAGE DE TRANSPORT** P. 38, **ENVIRONNEMENT** P. 63, **FEULEMENT ET CRACHEMENT** P. 230, **PÉRIODE DE SOCIALISATION** P. 260, **PEUR** P. 262, **PIÈCE D'ÉVEIL** P. 264, **VÉTÉRINAIRE** P. 186, **VOITURE** P. 188

PLACARD n.m. Renfoncement ou meuble plus ou moins obscur, disposant de plusieurs étages garnis de différents objets derrière lesquels il est possible de se dissimuler.

• **LA SITUATION TYPE :** le chat fuit le vétérinaire à domicile en se réfugiant dans le placard.
• **CE QUE PENSE LE CHAT :** *« Là au moins, personne ne pourra me trouver. »*

L'avis du vétérinaire

Dans toute habitation, le chat doit disposer d'une ou plusieurs planques pour se réfugier en cas de danger : quand le vétérinaire vient à son domicile, par exemple, ou pour être en sécurité au moment de la mise bas. Certains se glissent derrière les meubles de la cuisine ou de la salle de bain, d'autres sous le lit, au grenier ou à la cave mais la plupart préfèrent le calme, l'obscurité et le confort d'un placard. Les moins malins (ne vous moquez pas) vont se dissimuler sous les draps du lit, sans imaginer qu'avec la bosse qu'ils créent ils sont facilement repérables. Sauf en cas de force majeure, n'allez jamais déranger un chat planqué. Pour sa tranquillité, il faut lui laisser croire que sa cachette est parfaite. Pour lui faire pointer le bout de son nez, agitez son paquet de croquettes ou servez-lui sa pâtée préférée, la faim fait toujours sortir le chat de son refuge !

VOIR > MISE BAS P. 248

PLANTE VERTE **g.n. Espèce végétale prenant racine dans un pot, utilisée comme décoration par les humains et comme chewing-gum par le chat.**

• **LA SITUATION TYPE :** le chat mâchonne des feuilles de papyrus.
• **CE QUE PENSE LE CHAT :** « *Un peu de verdure, ça change du régime tout viande !* »

L'avis du vétérinaire

Le chat aime mâcher des végétaux soit pour se faire vomir, soit pour faciliter sa digestion. S'il a accès à l'extérieur, il fera son marché lui-même ; s'il vit à l'intérieur, il peut être tenté, même s'il dispose d'un pot d'herbe-à-chat, de jeter son dévolu sur vos plantes d'intérieur. Pour sa sécurité, n'achetez pas et ne vous faites pas offrir de plantes toxiques (*Dieffenbachia*, philodendron, poinsettia, ficus, yucca, azalée, lys…). Pour celles qui sont sans danger, comme le papyrus, protégez-les en les aspergeant d'une solution d'eau et de moutarde ou de Tabasco®, en répandant sur leurs feuilles du poivre moulu, en plaçant sur la terre des écorces d'agrumes (citron, orange) ou en disposant autour de leur pot des feuilles de papier d'aluminium ou de Scotch double face. Cela n'est pas très esthétique mais c'est efficace. Pour détourner son attention, vous pouvez aussi mettre à sa disposition, en plus de son herbe-à-chat habituelle, quelques plantes alimentaires comme le thym, la menthe ou le persil. Pensez également à vérifier si sa ration alimentaire est bien équilibrée. Une carence en fibres peut être à l'origine de ce comportement.

VOIR > HERBE-À-CHAT P. 82

Bon
appérit

PLAQUE ET TARTRE DENTAIRES g.n. Dépôt sur les dents, à l'origine de gingivite et d'une mauvaise haleine.

• **LA SITUATION TYPE :** le chat, les dents recouvertes de tartre et les gencives rouges, refuse de manger.
• **CE QUE PENSE LE CHAT :** « *J'ai mal lorsque je mange.* »

L'avis du vétérinaire

La plaque dentaire est une pellicule jaunâtre très mince et adhérente qui s'accumule à la jonction de la gencive et de la dent. Elle est formée de débris alimentaires et de bactéries. Vers 2-3 ans, la minéralisation de cette plaque entraîne un dépôt de tartre reconnaissable à sa couleur marron. Ce tartre favorise la mauvaise haleine, l'infection des gencives et le déchaussement des dents.
Plusieurs moyens limitent la formation de la plaque dentaire :
> Le brossage des dents, mais il est difficile chez le chat.
> Les lamelles à mâcher favorisent le nettoyage mécanique des dents et limitent le développement des bactéries.
> Les croquettes spéciales réduisent l'accumulation de la plaque dentaire et du tartre, et permettent d'espacer les détartrages.
En plus de ces soins réguliers, faites contrôler une fois par an les dents de votre chat et prévoyez un détartrage si nécessaire.

VOIR > ALIMENTATION P. 18, 198

POILS n.m. pl.

VOIR > ALOPÉCIE P. 20, MUE P. 118, PUCE P. 149, TOILETTAGE P. 180, 292

Ça va ! On nargue pas !

POTAGER n.m. Partie du jardin disposant d'une terre fine idéale pour se soulager malgré la présence de légumes.

• **LA SITUATION TYPE :** le chat s'installe tranquillement dans le potager pour faire ses besoins.
• **CE QUE PENSE LE CHAT :** « *Confortable et tranquille, en voilà un endroit idéal pour se soulager !* »

L'avis du vétérinaire

À la campagne et au grand dam des jardiniers, le chat a tendance à prendre la terre fine des potagers pour une litière à ciel ouvert. Comprenez-le, c'est tellement agréable ! Voici quelques « trucs de grands-mères » pour l'en empêcher. Leur efficacité n'est pas garantie à 100 %, à vous d'essayer !
> Fournissez-lui une litière plus confortable.
> Arrosez la terre le soir. Le chat déteste poser les pattes sur un sol humide et collant.
> Disposez un filet ou un fin grillage sur le sol.
> Pulvérisez sur le sol un mélange d'eau et d'huile essentielle de menthe poivrée, d'eucalyptus, de citronnelle ou de géranium.
> Répandez du poivre moulu, du marc de café, des cailloux, des écorces de bois, d'oranges ou de mandarines sur le sol.
> Disposez des bols remplis de croquettes pour chat. Le chat ne fait jamais ses besoins là où il mange !
> Plantez de la rue fétide *(Ruta graveolens)*. Cette plante rustique de la famille des rutacées présente une floraison jaune et un

parfum que les chats n'apprécient pas. Elle était utilisée du temps des Romains pour éloigner les chats des parterres de fleurs.

VOIR > LITIÈRE P. 98

PROPRETÉ **n.f. Qualité très appréciée des humains et particulière au chat qui consiste, pour celui-ci, à éliminer dans une litière et à recouvrir ses déjections.**

• **LA SITUATION TYPE :** le chat recouvre ses excréments après avoir déféqué dans sa litière.
• **CE QUE PENSE LE CHAT :** *« Ils seront moins repérables. »*

L'avis du vétérinaire

En moyenne, le chat défèque une fois par jour et urine 2 fois. Auparavant, il repère un coin tranquille à distance de ses lieux de repos et d'alimentation, et où le sol est meuble. Il apprécie particulièrement les supports de faible granulométrie, comme la litière pour chat, le sable des bacs pour enfant ou la terre fine des jardins potagers. Il creuse une petite cuvette, se retourne, s'accroupit, la queue à l'horizontale et l'anus bien au-dessus du trou, puis fait ses besoins. Il se retourne ensuite et les recouvre avec ses pattes antérieures pour s'assurer qu'il ne laisse aucune trace aux éventuels prédateurs. Il flaire ensuite le sol fraîchement remué, comme s'il voulait vérifier que son odeur est bien camouflée. Ce maniaque de la propreté se secoue parfois les pattes afin d'éliminer les saletés coincées entre ses coussinets. Lorsque ses « toilettes » sont sales, il suffit au chat dans la nature de changer d'endroit. À l'intérieur, il faut veiller à renouveler régulièrement sa litière.

VOIR > **LITIÈRE** P. 98, **MALPROPRETÉ** P. 104, **PROPRETÉ** P. 330, **TOILETTAGE** P. 180, 292

PUCE n.f. Insecte très désagréable, se nourrissant du sang des mammifères par piqûre.

- **LA SITUATION TYPE :** le chat se lèche et se mord le bas du dos.
- **CE QUE PENSE LE CHAT :** « *Satanée bestiole, je vais t'attraper !* »

L'avis du vétérinaire

La puce est un insecte brun, visible à l'œil nu, dont le corps est comprimé latéralement. Elle ne possède pas d'ailes, mais des pattes postérieures puissantes qui lui permettent de faire des bonds de plus de 30 cm. Hématophage, elle pique le chat une dizaine de fois par jour pour s'abreuver de son sang. Le chat supporte relativement bien la présence de puces dans son pelage. En revanche, si elle déclenche une allergie, cela lui devient insupportable. Il se gratte, se lèche, perd ses poils, en particulier dans le bas du dos, et présente des rougeurs cutanées. L'allergie aux piqûres de puces survient principalement durant les périodes chaudes et humides, propices au développement des formes immatures de puces présentes dans le milieu extérieur.
La meilleure prévention consiste à traiter le chat tout au long de l'année contre les puces. Les traitements les plus pratiques se présentent sous forme de pipette à appliquer une fois par mois à la base du cou du chat. Protégé contre les puces, votre chat pourra alors, sans risquer de vous les refiler, venir vous faire un câlin sur votre lit.

VOIR > ALOPÉCIE P. 20, HYPERSENSIBILITÉ DE LA PEAU P. 88

QUEUE n.f. Extrémité postérieure du corps, plus ou moins longue et touffue selon les races de chat, dont l'axe squelettique est un prolongement de la colonne vertébrale.

- **LA SITUATION TYPE :** le chat, la queue haute et droite, s'approche doucement d'un invité.
- **CE QUE PENSE LE CHAT :** « *Je viens vers toi en ami.* »

L'avis du vétérinaire

La queue est un élément essentiel à l'équilibre du chat. Elle lui sert de balancier pour sauter ou se déplacer sur les toits et lui permet de se rétablir lorsqu'il chute par inadvertance. Elle est aussi, comme les oreilles, un excellent baromètre de ses émotions.
> Basse et entre les jambes : « J'ai peur. »
> Basse et en « U » : « Je suis à l'affût. »
> Basse et ébouriffée : « Je suis prêt à me défendre ! »
> Haute et ébouriffée : « Je suis prêt à attaquer ! »
> Haute et lisse : « Je suis décontracté. »
> Queue d'une femelle pliée à la base et déplacée sur le côté : « Je suis en chaleur. »
> Agitée d'amples mouvements : « Je suis énervé ! »
Certaines races, comme le bobtail japonais, ont un tout petit bout de queue, voire pas du tout, comme le chat de l'île de Man (ou manx). Cette malformation les prive d'un moyen d'expression important.

VOIR > AGRESSION P. 12, 298, CHALEURS P. 308, CHASSE P. 40, 212, 310, GROS DOS P. 318, OREILLE P. 130

Alors!
On ne sait pas
sa leçon?!
La queue.

RADIATEUR n.m. Appareil produisant de la chaleur par convection ou rayonnement.

• **LA SITUATION TYPE :** le chat endormi sur le dessus du radiateur.
• **CE QUE PENSE LE CHAT :** « *Quel endroit confortable !* »

L'avis du vétérinaire

Le chat est moins sensible que nous à la chaleur. Il supporte allègrement le contact avec des surfaces chauffées à 50 °C. Peut-être a-t-il hérité cette tolérance de ses ancêtres qui vivaient dans le désert. À la maison, il adore faire la sieste sur tout ce qui est chaud, du radiateur à la chaudière, en passant par les genoux de son maître. À l'extérieur, il apprécie tout particulièrement de se reposer sur le capot encore chaud des voitures, et même dessous pour être encore plus près de la source de chaleur. Ce comportement est à l'origine d'accidents graves, parfois mortels, surtout chez les chatons qui, par leur taille, se faufilent plus facilement. Si vous savez que des chats rôdent dans le quartier, pensez toujours à klaxonner ou à taper sur le capot de votre voiture avant de démarrer.
Le chat adore aussi se prélasser au soleil, mais, malgré sa fourrure, il n'est pas à l'abri des effets néfastes des rayons ultraviolets du soleil. Le bord des oreilles, peu poilu, est particulièrement vulnérable, surtout chez les chats aux oreilles blanches. Les lésions débutent par une rougeur, puis apparaissent des ulcérations, des croûtes et parfois des saignements. Si votre chat a les oreilles blanches, protégez-les à l'aide d'une crème solaire à

haut indice de protection ou gardez-le à la maison pendant les heures les plus chaudes de la journée.

VOIR > **OREILLE** P. 130

REPAS **n.m. Prise de nourriture nécessaire à la couverture des besoins alimentaires.**

Le repas permet au maître de témoigner son affection à son chat en lui servant son menu préféré. Mais si la qualité nutritionnelle de l'aliment est importante pour la santé du chat, son mode de distribution (nombre et lieu des repas) l'est aussi pour son bien-être.

◆ ***Heure des repas*** **g.n. Moment consacré au repas.**

• **LA SITUATION TYPE :** le chat se dirige vers sa gamelle plusieurs fois dans la journée pour grignoter quelques croquettes.
• **CE QUE PENSE LE CHAT :** « *J'ai une petite faim !* »

L'avis du vétérinaire

Le chat est un grignoteur. Dans la nature, il se nourrit tout au long de la journée. Une souris couvre environ 8 % de ses besoins : il lui faut donc en attraper au moins 12 par jour. Si vous voulez respecter ses habitudes alimentaires, laissez-lui ses croquettes à disposition un peu partout dans la maison ou distribuez-lui régulièrement de petites quantités de nourriture. Un chat peut prendre jusqu'à 16 repas tout au long de la journée. Veillez toutefois à ne pas lui offrir des croquettes trop goûteuses et à contrôler son poids afin d'éviter l'embonpoint. La distribution biquotidienne, matin et soir à heure fixe, est encore trop souvent la règle. Cette solution pratique est rarement appréciée du chat : ne vous étonnez pas alors si votre chat se met à voler de la nourriture, à quémander toute la journée ou se montre plus agressif.

VOIR > AGRESSION P. 12, 298, ALIMENTATION P. 18, 198, ANXIÉTÉ EN MILIEU CLOS P. 27, APPARTEMENT P. 30, CHASSE P. 40, 212, 310, OBÉSITÉ P. 120, SYNDROME DU TIGRE P. 174

◆ ***Lieu des repas*** **g.n. Parcelle du territoire où se déroule la prise alimentaire.**

• **LA SITUATION TYPE :** le chat dédaigne la gamelle de croquettes posée près de son bac à litière.
• **CE QUE PENSE LE CHAT :** « *Manger là où je fais mes besoins !* »

L'avis du vétérinaire

Le chat aime manger dans un lieu confortable, au calme, seul et à l'abri de toute compétition. L'endroit choisi doit être accessible de jour comme de nuit et être éloigné au minimum de 2 m de son bac à litière. Si vous possédez plusieurs chats, prévoyez une gamelle de plus que de chats et espacez-les pour éviter une trop grande promiscuité. Lors d'une mise en pension, les cages disponibles sont parfois trop petites pour assurer une distance suffisante entre les différentes aires de repos, d'alimentation et d'élimination : le chat peut alors refuser de se nourrir. Pour éviter cela, choisissez une pension où les cages offertes aux pensionnaires sont suffisamment grandes et assurez-vous que le personnel de la pension nettoie régulièrement les litières.

VOIR > COHABITATION P. 215, 314, GAMELLE P. 74, HOSPITALISATION P. 236, LITIÈRE (BAC À) P. 101, PENSION P. 259, TERRITOIRE P. 176

RÊVE (OU CAUCHEMAR) **n.m. Petit film plus vrai que nature traversant l'esprit du chat durant son sommeil.**

• **LA SITUATION TYPE :** le chat se réveille brutalement durant son sommeil.
• **CE QUE PENSE LE CHAT :** « *Au secours ! Le chien du voisin veut me manger !* »

L'avis du vétérinaire

Le chat passe en moyenne les 2/3 de son temps à dormir contre environ 1/3 pour l'homme, et il rêve 190 minutes par jour contre 100 minutes chez les humains. Lorsque le chat rêve ou fait un cauchemar, il est possible de voir ses yeux s'agiter derrière ses paupières closes et ses vibrisses. Ses oreilles et l'extrémité de ses membres bougent comme s'il revivait certains événements de sa journée (chasse, jeu, combat…). En observant bien le chat, il est alors possible d'imaginer la teneur de ses rêves… Le rêve est un privilège réservé aux prédateurs. Il s'accompagne d'une augmentation très importante du seuil d'éveil et d'une paralysie quasi totale. Les herbivores ne peuvent se permettre le luxe de rêver trop longtemps sous peine d'être victimes de prédateurs. En revanche, les carnivores, comme le chat ou le lion, peuvent sans souci dormir et rêver tout leur soûl. Il faut bien cela pour récupérer des émotions de la journée !

VOIR > SOMMEIL P. 170

Toutes les nuits, je rêve que je broute !
Z

RÉVEIL MATINAL g.n. Petit rituel sonore, vite agaçant pour le maître, qui permet au chat de réveiller son maître pour obtenir une faveur.

• **LA SITUATION TYPE :** le chat gratte et vocalise à la porte de la chambre de son maître à 6 heures du matin.
• **CE QUE PENSE LE CHAT :** « *Eh, oh ! Réveille-toi, il est l'heure de sortir !* »

L'avis du vétérinaire

Les chats aiment bien chasser les souris à l'aube. Si vous n'avez pas installé de chatière ou s'il n'a pas la possibilité de sortir, il y a fort à parier qu'un jour votre chat se mette à gratter ou à sauter devant la porte pour vous réveiller. S'il dort avec vous, vous aurez droit à moult ronronnements, pétrissages, léchages et autres câlins affectueux qui vous sortiront bien vite du sommeil. Si vous obtempérez et que vous vous levez pour lui ouvrir la porte du jardin ou lui servir à manger, le chat, récompensé de ses bisous matinaux, recommencera tous les jours. Et pas question de week-end pour lui, ni d'heure d'hiver ou d'été. Pour éviter cela, plusieurs mesures sont indispensables :

> Ne pas dormir avec votre chat. Le mieux est de ne pas commencer. Mais c'est tellement agréable !

> Pratiquer « l'extinction ». Cette thérapie comportementale consiste à supprimer la récompense associée à un comportement indésirable. Dans ce cas précis, ne répondez pas à ses vocalises et grattages multiples sur la porte. Au bout de quelques semaines, il comprendra que sa technique ne fonctionne pas et abandonnera.

À vous de ne pas craquer avant lui, car, au début, il risque d'être encore plus bruyant pour attirer votre attention.
> Lui procurer un terrain de jeu, installer une chatière et lui laisser sa nourriture en libre-service.
> Si malgré tout vous dormez avec votre chat, laissez-lui la porte ouverte.

VOIR > **ALIMENTATION** P. 18, 198, **PÉTRISSAGE** P. 138, **REPAS** (HEURE DES) P. 154, **RITUEL** P. 162, 336, **RONRONNEMENT** P. 164

RIDEAU n.m. Longue pièce de tissu disposée de part et d'autre d'une fenêtre, idéale pour pratiquer l'escalade.

- **LA SITUATION TYPE :** le chat grimpe sur les rideaux de la salle à manger.
- **CE QUE PENSE LE CHAT :** « *Super, ce mur d'escalade !* »

L'avis du vétérinaire

Équipé de griffes aiguisées et rétractiles, le chat dispose de tout l'équipement du parfait escaladeur. S'il a accès à l'extérieur, il aura tous les arbres pour exercer ses talents de grimpeur ; s'il vit en intérieur, et ne dispose pas d'un arbre à lui, il risque fort d'être tenté par les rideaux, surtout s'ils sont bien épais. Pour les préserver, commencez par investir dans un bel arbre à chat. Si cela ne suffit pas à le détourner des rideaux, piégez-les en installant sur la tringle à rideaux des cannettes de soda en aluminium préalablement remplies de billes ou de petits cailloux et fermées avec du Scotch. Dès qu'il s'attaquera aux rideaux, les cannettes tomberont bruyamment et le convaincront qu'il est moins dangereux de grimper sur son arbre à chat. Si cela ne suffit pas, retirez vos rideaux ou remplacez-les par des stores à lames verticales.

VOIR > ARBRE À CHAT P. 202, HYPERACTIVITÉ P. 84

À moi
l'ivresse des
cimes !

RITUEL **n.m. Comportement codifié, chargé de significations, acquis au contact du maître.**

• **LA SITUATION TYPE :** le chat monte sur le lavabo et miaule en présence de son maître.
• **CE QUE PENSE LE CHAT :** « *Ouvre-moi le robinet que je puisse boire !* »

L'avis du vétérinaire

Les rituels sont constitués d'un enchaînement d'actes élémentaires issus de la vie courante, mais détournés de leur objet initial pour devenir des messages. Naturellement et progressivement, le chat met en place différents rituels pour communiquer avec son maître. Il monte sur le lavabo et miaule pour réclamer à boire, il pousse la main de son maître avec son museau pour réclamer une caresse, il lui pétrit les genoux pour exprimer son bien-être, il gratte à la fenêtre pour obtenir l'ouverture de la baie vitrée, fait le beau devant la porte du réfrigérateur pour avoir à manger… Tous les comportements peuvent se ritualiser : il suffit pour cela de les récompenser. Ces rituels facilitent la communication entre le chat et son maître. Ils sont propres à la famille et participent à l'harmonie des relations. Leur perte, suite au décès du maître, à l'abandon ou au changement de foyer, perturbe gravement la communication du chat.

VOIR > **CARESSE** P. 210, **CHATIÈRE** P. 44, **DEMANDE DE NOURRITURE** P. 220, **MIAULEMENT** P. 114, **PÉTRISSAGE** P. 138, **RÉCOMPENSE** P. 274, **RITUEL** P. 336

Patron!
Un demi pour moi et un lait grenadine pour le petit!

RONRONNEMENT n.m. **Vibration profonde émise par le chat pour manifester une émotion intense.**

• **LA SITUATION TYPE :** le chat ronronne sur la table du vétérinaire.
• **CE QUE PENSE LE CHAT :** « *J'ai confiance.* »

L'avis du vétérinaire

Du chat domestique au lion en passant par le jaguar et le tigre, tous les félins ronronnent.

> Un mécanisme complexe : malgré les nombreuses recherches effectuées, le ronronnement reste encore un mystère. Selon certaines études, il serait dû à un mouvement turbulent du sang dans la veine cave qui ramène le sang au cœur. Ces turbulences provoqueraient des vibrations dans tout le corps et seraient amplifiées au niveau des voies respiratoires et des cavités nasales. Pour d'autres, il résulterait de vibrations dans le larynx. Cette hypothèse est d'ailleurs étayée par le fait qu'un chat dont le larynx est paralysé ne ronronne plus, ou qu'il suffit d'appuyer doucement en dessous du larynx d'un chat pour arrêter le ronronnement.

> Un moyen de communication : le ronronnement apparaît chez les chatons à partir du 2e jour. Chez les espèces sauvages, le ronronnement se limite principalement aux échanges entre la mère et ses petits, en particulier au moment de la tétée, des câlins ou du toilettage. En revanche, chez le chat domestique, le ronronnement se poursuit toute la vie. Toutes les occasions sont bonnes pour ronronner. C'est un peu pour cela qu'on l'aime.

RRRRRRROOOOOOOONN…RRRRRR
Mais Pourquoi ronronnez-vous ?
Élémentaire, mon cher watson!

Il ronronne sous les caresses, en se frottant aux jambes, en se toilettant, au moment des repas, pour réveiller son maître, pour séduire le chat du quartier, mais aussi dans des moments moins agréables. Ainsi, il est fréquent d'entendre ronronner un chat malade, blessé, voire agonisant. Le ronronnement sert peut-être à appeler sa mère à l'aide, remercier la personne qui le soigne, ou lui témoigner sa confiance. Dans tous les cas, il traduit une émotion intense.
> Des vertus thérapeutiques : des études récentes ont mis en évidence les propriétés curatives des vibrations de basses fréquences émises lors du ronronnement, en particulier pour le soulagement de la douleur, la récupération musculaire et la cicatrisation osseuse. Cette découverte expliquerait pourquoi les chats récupéreraient beaucoup plus vite que les chiens suite à une intervention chirurgicale. Outre ses vertus autocuratives, le ronronnement a également un effet sur l'homme, en diminuant la tension artérielle et en réduisant ainsi les risques d'accidents vasculaires. Il aurait aussi un effet calmant sur le fœtus agité dans le ventre de sa mère.

VOIR > **CARESSE** P. 210, **FŒTUS** P. 232, **REPAS** P. 154, **RÉVEIL MATINAL** P. 158, **TOILETTAGE** P. 180, 292, **VÉTÉRINAIRE** P. 186

SALETÉ n.f.

VOIR > **MALPROPRETÉ** P. 104, **PROPRETÉ** P. 148, 330

SÉNILITÉ n.f. Détérioration physique et intellectuelle considérée comme une conséquence du vieillissement.

• **LA SITUATION TYPE :** le vieux chat déambule dans la maison, la nuit, en miaulant.
• **CE QUE PENSE LE CHAT :** « *Je ne sais plus où je suis ni quelle heure il est !* »

L'avis du vétérinaire

À partir de 12 ans, l'atrophie du cerveau associée à des lésions cérébrales vasculaires et dégénératives peut être à l'origine d'une altération des fonctions cognitives du chat. L'évolution de la maladie est progressive. Le chat perd ses repères dans l'espace et le temps, et ses apprentissages. Il est incapable de trouver la sortie d'une pièce ou ne trouve plus son chemin dans le quartier. Il confond le jour et la nuit. Il dort toute la journée et miaule la nuit pour sortir. Il ne reconnaît plus les personnes familières ou semble se désintéresser des humains et de ses congénères, se montre craintif, perd ses habitudes et peut devenir malpropre. La prise en charge médicale doit être la plus rapide possible, afin de ralentir la dégradation irréversible du cerveau.

VOIR > **DÉPRESSION** P. 54, **MALPROPRETÉ** P. 104, **MIAULEMENT** P. 114, **PEUR** P. 262, **SOMMEIL** P. 170

SOIF n.f. Sensation correspondant à un besoin en eau pouvant être révélateur d'une maladie.

• **LA SITUATION TYPE :** le chat nourri avec des boîtes délaisse son eau.

• **CE QUE PENSE LE CHAT :** « *Boire, moi ? Jamais ! La pâtée me suffit.* »

L'avis du vétérinaire

Le chat, comme ses ancêtres originaires du désert, est un petit buveur. Il boit en faible quantité, mais très souvent, de jour comme de nuit (de 12 à 16 fois par jour). Pour cela, il doit disposer en permanence d'eau fraîche (idéalement entre 4 et 10 °C). La quantité journalière d'eau bue varie en fonction des conditions climatiques, de son activité physique et de son régime alimentaire. Si vous lui donnez une alimentation humide (environ 75 % d'eau), sa consommation d'eau sera réduite ; elle peut même être nulle. Inversement, si vous lui donnez des croquettes (environ 10 % d'eau), celle-ci sera plus importante. Contrairement au chien, le chat adapte lentement son abreuvement à ses besoins hydriques. Ainsi, lors du passage brutal d'une alimentation humide à une alimentation sèche, le chat va compenser le déficit d'eau de sa ration en concentrant ses urines, avec le risque d'apparition de calculs urinaires. Pour éviter cela, une transition alimentaire sur plusieurs jours est indispensable.

VOIR > ALIMENTATION P. 18, 198, EAU P. 62, GAMELLE P. 74

◆ ***Soif anormale (consommation excessive d'eau)*** g.n. **Augmentation anormale de la quantité d'eau bue, souvent associée à une maladie.**

• **LA SITUATION TYPE :** le chat vide plusieurs gamelles d'eau dans la journée.

• **CE QUE PENSE LE CHAT :** « *J'ai soif et je ne me sens pas bien…* »

L'avis du vétérinaire

Les besoins en eau du chat sont estimés entre 55 et 70 ml par kg de poids (eau de boisson et eau contenue dans les aliments) et par jour. Ils dépendent des variations de température (ils peuvent doubler en période de canicule), de l'activité physique (le sport donne soif), du régime alimentaire (sec ou humide) et de l'état physiologique (gestation, lactation, maladie). Mais une consommation excessive d'eau n'est jamais anodine. Elle peut être révélatrice d'une maladie comme le diabète sucré, l'insuffisance hépatique ou l'insuffisance rénale chronique… Si votre chat boit plus que d'habitude, consultez votre vétérinaire. Une analyse de sang confirmera la maladie.

VOIR > **DIABÈTE SUCRÉ** P. 57, **EAU** P. 62, **INSUFFISANCE RÉNALE CHRONIQUE** P. 90, **VÉTÉRINAIRE** P. 186

SOMMEIL **n.m. Période de repos indispensable à la récupération physique et psychique de l'organisme.**

• **LA SITUATION TYPE :** le chat, endormi sur son coussin, bouge ses moustaches et agite légèrement ses oreilles et ses pattes.
• **CE QUE PENSE LE CHAT :** « *Toi, la souris, je vais t'attraper !* »

L'avis du vétérinaire

Un chat dort de 12 à 16 heures par jour, avec une période de sommeil nocturne principale d'environ 8 heures. Son sommeil comprend plusieurs cycles qui peuvent se répéter plusieurs fois sans interruption. Chaque cycle dure en moyenne une trentaine de minutes et comporte deux grandes phases :

> Une phase de sommeil lent

Au cours de celle-ci, l'activité électrique du cerveau est lente et le tonus musculaire maintenu. C'est une phase indispensable

à la récupération de la fatigue physique. L'organisme fabrique des anticorps et l'hormone de croissance.

> Une phase de sommeil paradoxal

L'activité électrique du cerveau y est intense, proche de celle de l'éveil, et le tonus musculaire quasi absent. C'est une phase de rêve pendant laquelle les yeux bougent derrière les paupières fermées et la respiration est irrégulière. Les vibrisses, les oreilles et l'extrémité des membres sont parfois pris de petits mouvements comme si le chat revivait certains moments de sa journée (chasse, jeu, combat…). En observant bien votre chat, vous pourrez peut-être deviner la teneur de ses rêves…

VOIR > **ANXIÉTÉ** P. 26, **DÉPRESSION** P. 54, **HYPERACTIVITÉ** P. 84, **SÉNILITÉ** P. 167

SURPOPULATION **n.f. Peuplement excessif par rapport à la surface d'un territoire.**

• **LA SITUATION TYPE :** le chat, récemment adopté dans une famille vivant en appartement et où il y a déjà plusieurs chats, se met à faire du marquage urinaire.
• **CE QUE PENSE LE CHAT :** « *Je ne supporte pas cette vie en collectivité !* »

L'avis du vétérinaire

La vie à deux, voire plus, n'est pas évidente pour tous les chats. Si certains la supportent sans sourciller et parfois même recherchent la présence de leurs congénères, surtout lorsqu'ils ont été élevés ensemble, d'autres, au contraire, n'apprécient guère la compagnie. En particulier lorsqu'il s'agit de partager un territoire limité. C'est le cas lorsque le chat vit dans un petit appartement sans accès à l'extérieur. L'arrivée d'un ou plusieurs nouveaux locataires déclenche alors chez le chat résidant, et parfois aussi chez les nouveaux arrivants, un mal-être qui se traduit, entre autres, par du marquage urinaire. Plus le nombre de chats au mètre carré dans l'habitation est important, plus le risque de marquage augmente. Pour limiter ce risque, prévoyez au minimum 50 m^2 par chat et aménagez votre appartement de telle sorte que vos pensionnaires ne s'y ennuient pas. Vous l'aurez compris : avant d'offrir un compagnon à votre chat, réfléchissez-y à deux fois !

VOIR > **APPARTEMENT** P. 30, **COHABITATION** P. 215, 314, **MARQUAGE URINAIRE RÉACTIONNEL** P. 112, **TERRITOIRE** P. 176

Robert
devient de
plus en plus
asocial !

SYNDROME DU TIGRE **g.n. Agressivité prédatrice du chat envers les humains liée à la faim.**

• **LA SITUATION TYPE :** le chat, en embuscade, bondit pour mordre les chevilles de son maître qui rentre le soir à la maison.
• **CE QUE PENSE LE CHAT :** « *Enfin, une proie à me mettre sous la dent !* »

L'avis du vétérinaire

Dans la nature, le chat consacre une grande partie de son temps à chasser. Il capture en moyenne une dizaine de proies par jour pour couvrir ses besoins alimentaires. Enfermé dans un appartement, privé du plaisir de la chasse et alimenté 2 fois par jour, il n'y a rien d'étonnant à ce qu'il se jette affamé sur les chevilles de son maître après 8 heures ou plus d'inactivité. Ce comportement agressif, appelé « syndrome du tigre », est la conséquence d'une alimentation inadaptée, aggravée par une vie en milieu clos. En plus de ces agressions prédatrices, le chat peut présenter des agressions par irritation au moment de la préparation du repas et de la boulimie. La meilleure des préventions consiste à alimenter le chat en libre-service (en contrôlant la quantité consommée), à lui fournir de quoi exercer ses talents de chasseur (en cachant, par exemple, la nourriture dans différents objets) et, si vous en avez la possibilité, à lui laisser un accès libre à l'extérieur.

VOIR > AGRESSION PAR IRRITATION P. 14, ANXIÉTÉ EN MILIEU CLOS P. 27, APPARTEMENT P. 30, BOULIMIE P. 36, REPAS (HEURE DES) P. 154

Oh!
Un jeune gnou sans défense!
Belle aubaine!

TERRITOIRE n.m. Ensemble de parcelles reliées entre elles et dont l'accès est plus ou moins libre.

• **LA SITUATION TYPE :** le chat, installé sur une étagère, observe le salon.
• **CE QUE PENSE LE CHAT :** *« Ici, je suis bien placé pour surveiller mon territoire. »*

L'avis du vétérinaire

Le chat est un animal territorial. Pour son équilibre, il a besoin d'un territoire bien balisé et stable. Il a horreur des déménagements. Son territoire est constitué de différentes parcelles ou champs territoriaux associés à un comportement particulier. Les champs d'activité sont des lieux où le chat se consacre à une activité précise : chasse, alimentation, jeu, observation, reproduction… Les champs d'isolement sont des lieux de repos ou de refuge. Ils sont cachés et souvent situés en hauteur. Les champs territoriaux et les chemins qui les relient sont balisés grâce à des marques olfactives et visuelles. La tolérance des congénères sur le territoire du chat est variable selon son humeur et la nature du champ territorial. Certaines parties, comme les lieux de repos ou le champ de reproduction, en particulier lorsqu'une femelle en chaleur s'y aventure, sont défendues. En revanche, d'autres, comme les champs de jeu et de chasse lorsque les proies sont nombreuses, sont libres d'accès. Plusieurs chats peuvent utiliser une même partie de territoire en même temps, mais, le plus souvent, ils viennent à des heures différentes de la journée afin d'éviter les rencontres, et éventuellement les bagarres.

VOIR > **ACCOUPLEMENT** P. 296, **CHALEURS** P. 308, **CHASSE** P. 40, 212, 310, **DÉMÉNAGEMENT** P. 52, **GRIFFES** (FAIRE SES) P. 79, **HIÉRARCHIE** P. 320, **JOUET** P. 92, **LITIÈRE** (BAC À) P. 101, **MARQUAGE FACIAL** P. 110, **PROPRETÉ** P. 148, 330, **REPAS** (LIEU DES) P. 155

TÉTÉE n.f. Succion répétée sur une mamelle ou tout autre objet provoquant un bien-être immédiat.

- **LA SITUATION TYPE :** le chat tête le lobe de l'oreille de son maître.
- **CE QUE PENSE LE CHAT :** « *C'est bon d'avoir une maman à soi.* »

L'avis du vétérinaire

La tétée est un comportement infantile qui persiste parfois chez l'adulte. Elle apaise le chat et peut être la traduction d'un attachement excessif à la personne tétée (fréquent chez les chatons ayant été séparés de leur mère avant 6 semaines) ou d'un état d'anxiété. Si la tétée est peu fréquente et qu'elle ne vous dérange pas, le mieux est de ne rien faire. Sinon, proposez à votre chat un objet de substitution à téter (tissu imprégné de votre odeur, coussin avec tétons Catsifier®, par exemple), évitez les contacts trop étroits avec lui (faites-le dormir au pied du lit et non sur l'oreiller), remplacez les séances de câlins par des jeux. En résumé, prenez vos distances avec lui afin qu'il devienne indépendant.

VOIR > ANXIÉTÉ P. 26, DÉTACHEMENT P. 224, HYPERATTACHEMENT P. 86, LAINE P. 94, PÉTRISSAGE P. 138

TOILETTAGE n.m. Activité permettant au chat de rester propre, de la tête jusqu'au bout de la queue.

• **LA SITUATION TYPE 1 :** le chat se toilette méticuleusement la tête avec sa patte après avoir mangé.
• **CE QUE PENSE LE CHAT :** « *Une bonne toilette après un bon repas, ça fait du bien.* »

L'avis du vétérinaire

Au départ, le chaton est toiletté par sa mère. Vers 4-5 semaines, il commence, aidé par elle, à faire sa toilette tout seul. Le toilettage est une activité essentielle du chat. Il lui consacre près du tiers de son temps d'éveil. Pour se nettoyer la tête et le cou, le chat utilise ses pattes. Il commence par se mouiller une patte, puis la frotte aux endroits qu'il veut débarbouiller, comme s'il s'agissait d'un gant de toilette. Ce cérémonial a très souvent lieu après le repas. Pour entretenir le reste de son corps, il se sert de sa langue râpeuse. Munie de petites excroissances, elle agit comme un peigne : elle lisse le poil et retient les saletés, les parasites et les poils morts. Ces derniers sont avalés et forment dans l'estomac des boules de poils qui sont éliminées dans les selles ou régurgitées. Parfois, elles s'accumulent dans l'estomac et sont à l'origine de troubles digestifs, en particulier chez les races à poils longs.

VOIR > BOULE DE POILS P. 35, PROPRETÉ P. 148, 330, REPAS (HEURE DES) P. 154, TOILETTAGE P. 292

Tu pourrais te lécher, quand même !
Écoute, maman, essaye de comprendre !

• **LA SITUATION TYPE 2 :** le chat se toilette après s'être bagarré avec un congénère.
• **CE QUE PENSE LE CHAT :** « *Il faut que je me calme.* »

L'avis du vétérinaire

Le toilettage a plusieurs fonctions pour le chat :
> Il sert à éliminer les parasites et à maintenir son pelage propre et brillant. L'évaporation de la salive qu'il dépose sur son pelage contribue, en plus, à la régulation de sa température corporelle, surtout en période de canicule.
> Il permet de récupérer la vitamine D (synthétisée par le soleil, à partir des acides gras sécrétés par son épiderme). C'est pour cette raison qu'il ne faut pas baigner votre chat trop souvent.
> Il aide à éliminer la tension consécutive à certaines contrariétés : après avoir manqué sa proie, après une bagarre avec un congénère ou suite à un examen vétérinaire. Lorsque le stress est important, le léchage peut devenir quasi permanent à certains endroits du corps. Des zones avec le poil cassé, voire sans poil, peuvent alors apparaître.
> Il permet à la mère de maintenir l'hygiène de ses chatons et à développer leur sensibilité tactile.
> Il constitue une activité sociale qui permet à deux individus proches de mêler leurs odeurs et de se manifester leur amitié.

VOIR > **ALOPÉCIE** P. 20, **BAIN** P. 206, **BOULE DE POILS** P. 35, **ODEUR CORPORELLE** P. 324, **ONYCHOPHAGIE** P. 126, **PROPRETÉ** P. 148, 330, **PUCE** P. 149, **STRESS** P. 280

◆ ***Défaut de toilettage*** **g.n. Disparition totale ou partielle des soins d'hygiène corporelle.**

• LA SITUATION TYPE : le chat âgé présente des nœuds dans le bas du dos et à l'arrière des cuisses.
• CE QUE PENSE LE CHAT : « *Impossible de me toiletter partout.* »

L'avis du vétérinaire

Un beau pelage luisant et bien entretenu est un signe de bonne santé chez le chat. Inversement, une fourrure en mauvais état, sale, parsemée de pellicules et pleine de nœuds peut être la conséquence d'une maladie interne, d'une alimentation déséquilibrée ou carencée, d'une allergie, d'une affection parasitaire (puces) ou d'une maladie de peau. Elle peut aussi résulter d'un défaut de toilettage soit parce que le chat est épuisé par la maladie ou qu'il souffre de dépression, soit qu'il est incapable, par manque de souplesse, douleur articulaire ou surcharge pondérale, d'atteindre certaines parties de son corps (arrière des cuisses, pourtour de l'anus). Cette absence de toilettage peut se traduire également par une pousse anormale des griffes et une inflammation des glandes situées au pourtour de l'anus.

VOIR > **ALIMENTATION** P. 18, 198, **BOULIMIE** P. 36, **DÉPRESSION** P. 54, **GRIFFE** P. 78, **OBÉSITÉ** P. 120, **PUCE** P. 149, **SÉNILITÉ** P. 167, **TEIGNE** P. 284, **TOILETTAGE** P. 180, 292

URINE n.f.

VOIR > **CYSTITE** P. 51, **MARQUAGE URINAIRE** P. 112, **ZIZI** P. 194

VACANCES **n.f. pl. Période de repos et de loisirs pour les maîtres, et souvent de stress pour le chat.**

• **LA SITUATION TYPE :** le chat, après le départ de ses maîtres, se retrouve seul sous la garde d'une nounou temporaire.
• **CE QUE PENSE LE CHAT :** *« Je suis un peu triste de votre départ, mais content de rester chez moi. »*

L'avis du vétérinaire

Les vacances sont toujours un déchirement pour les propriétaires d'un chat. Faut-il rester pour ne pas le traumatiser, sinon quel mode de garde choisir pour ne pas trop le chagriner ? Voici quelle pourrait être la réaction de votre chat en fonction de votre décision.
> Vous restez : « Super, rien ne change dans mes petites habitudes. Toutefois, des vacances t'auraient fait du bien ; tu es un peu stressé en ce moment. »
> Vous le laissez chez vous avec quelqu'un pour s'en occuper : « Même si ton départ me chagrine un peu, je suis content de rester. »
> Vous le laissez seul : « Sans personne pour me faire des câlins et jouer avec moi, le temps va me paraître long. Heureusement, je suis chez moi, ça me rassure. »
> Vous l'emmenez avec vous dans votre résidence secondaire : « Super ! Je vais retrouver mon territoire secondaire ; j'espère que mon balisage ne s'est pas effacé ! »
> Vous l'emmenez avec vous dans un endroit qu'il ne connaît pas : « Quoi ? La voiture, l'avion, l'hôtel ? Tu veux vraiment

me traumatiser ! La seule chose qui me console, c'est que tu sois avec moi. »
> Vous le mettez en pension : « Alors là, ce n'est vraiment pas des vacances : je perds tous mes repères, et en plus, tu me laisses avec des personnes et des chats que je ne connais pas… »

VOIR > **ANXIÉTÉ EN MILIEU CLOS** P. 27,
DÉMÉNAGEMENT P. 52, **MAL DES TRANSPORTS** P. 102,
MARQUAGE FACIAL P. 110, **PENSION** P. 259,
TERRITOIRE P. 176, **VOITURE** P. 188

VÉTÉRINAIRE n.m. Personne qui exerce la médecine et la chirurgie des animaux.

• **LA SITUATION TYPE :** le chat, tétanisé sur la table du vétérinaire, salive abondamment et transpire des coussinets.
• **CE QUE PENSE LE CHAT :** « *Quel stress, cette visite !* »

L'avis du vétérinaire

La visite chez le vétérinaire est, pour certains chats, l'une des situations les plus stressantes à laquelle ils ne peuvent échapper au moins une fois par an pour la vaccination. Le calvaire commence dans la salle d'attente. Coincé dans sa cage de transport depuis de trop longues minutes, le chat renifle des odeurs inconnues, entend des bruits bizarres. Puis vient le moment de l'examen. Si la table d'examen n'a pas été nettoyée, le chat est immédiatement informé du programme des réjouissances grâce aux phéromones d'alarme laissées par ses congénères. Pas de quoi être rassuré ! Tenu par la peau du cou, le vétérinaire prend sa température. À ce stade, certains chats atteignent un niveau de stress tel qu'ils se mettent à vider leurs glandes anales, transpirer des coussinets plantaires ou à saliver, d'autres n'osent plus bouger, sont pris de panique, sautent en bas de la table ou agressent le vétérinaire.

VOIR > **AGRESSION PAR PEUR** P. 15, **PEUR** P. 262, **PHÉROMONES** P. 328, **PHOBIE** P. 140, **STRESS** P. 280

VIEILLESSE n.f.

VOIR > **SÉNILITÉ** P. 167

NON !
J'avoue !
Je dirai
tout !

VOITURE **n.f. Véhicule motorisé permettant de transporter des personnes, des animaux et des charges.**

• **LA SITUATION TYPE :** le chat, toutes griffes dehors, refuse de monter dans la voiture.
• **CE QUE PENSE LE CHAT :** « *Je ne veux pas monter dans cette machine à vomir !* »

L'avis du vétérinaire

La phobie de la voiture est souvent liée à une association de la voiture à un événement désagréable. Le chat peut avoir été malade dans la voiture et puni par la même occasion (ce qui est une grave erreur) ou ne l'avoir prise que pour des sorties désagréables (départ du foyer d'origine, visite chez le vétérinaire). Pour éviter cela, il est conseillé d'habituer, dès l'âge de 2 mois, le chaton à sa cage de transport et à la voiture. Pour les plus récalcitrants, des jeux dans la voiture à l'arrêt, puis le moteur en marche, et la distribution de friandises permettent de la rendre plus attractive. Par sécurité, placez la cage de votre chat sur le plancher ou sur la banquette en la fixant avec la ceinture de sécurité. Si vous sortez votre chat de sa cage, tenez-le toujours en laisse : cela vous évitera de le retrouver entre le frein et l'accélérateur ! Ne laissez jamais seul votre chat en voiture. En été, quelques minutes suffisent à faire grimper la température à l'intérieur de votre voiture au-dessus de 40 °C. Votre chat risque alors un coup de chaleur fatal.

VOIR > CAGE DE TRANSPORT P. 38, MAL DES TRANSPORTS P. 102, PHOBIE P. 140, VÉTÉRINAIRE P. 186

MAÔÔÔÔÔÔÔ
CHATS À BORD
3492 JF 78

VOL DE NOURRITURE **g.n. Propension naturelle du chat à prendre la nourriture là où elle se trouve sans en demander la permission.**

• **LA SITUATION TYPE :** le chat vole le morceau de viande ou les olives vertes qui traînent sur la table.
• **CE QUE PENSE LE CHAT :** *« Mon met préféré ! L'occasion est trop belle… »*

L'avis du vétérinaire

Le chat est un opportuniste. Pour lui, toute nourriture abandonnée ou non est bonne à manger. Si vous oubliez par inadvertance sur la table les olives vertes ou le rosbif saignant dont il raffole, ne vous étonnez pas s'ils disparaissent dès que vous avez le dos tourné.

Pour l'en dissuader, offrez-lui plusieurs petits repas par jour d'un met qu'il apprécie ou, s'il est raisonnable, une alimentation en libre service. Si cela ne suffit pas, punissez-le à distance (jet d'eau, d'objet…) lorsque vous le surprenez en flagrant délit. En votre absence, vous pouvez installer des bandes de Scotch double face pour lui interdire de grimper sur le meuble où se trouve la nourriture. Mais le plus simple est encore de ne pas tenter votre chat ou alors de lui laisser de temps en temps, avec votre bénédiction, un peu de nourriture sur la table pour lui accorder le félin plaisir de vous la subtiliser.

VOIR > **ALIMENTATION** P. 198, **BOULIMIE** P. 36, **HEURE DES REPAS** P. 154

VUE **n.f. Sens permettant la perception de la lumière, des couleurs et des formes.**

• **LA SITUATION TYPE :** le chat a les yeux brillants au passage d'une voiture, la nuit.
• **CE QUE PENSE LE CHAT :** « *Pas la peine de m'éblouir, je t'avais déjà vue !* »

L'avis du vétérinaire

Parmi tous les sens du chat, la vision est l'un des plus performants. La position frontale de ses yeux lui donne une large vision binoculaire (120°), idéale pour apprécier la distance qui le sépare de sa proie. Ses pupilles à géométrie variable se réduisent à une fine fente pour lui éviter l'éblouissement et se dilatent dans l'obscurité pour faire rentrer le maximum de lumière, parfait pour repérer les proies à la tombée de la nuit. Un tapis réfléchissant, situé en arrière de la rétine, augmente encore la sensibilité du chat aux faibles lumières. Il lui permet de voir sous les étoiles comme en plein jour et donne à ses yeux un reflet verdâtre bien visible lorsqu'ils sont éclairés par les phares d'une voiture. Seul bémol à cette vision hors pair : une vision des couleurs limitée au bleu, vert et jaune.
Mais tous les chats ne sont pas des prédateurs nocturnes redoutables. C'est le cas du siamois, souffrant fréquemment d'un strabisme convergent qui gêne sa vision du relief et réduit ses performances cynégétiques. Cette fantaisie oculaire, au demeurant charmante, est la conséquence d'une malformation congénitale des voies nerveuses optiques. Elle apparaît vers l'âge de 3 mois et s'accentue en période de stress ou lorsque le chat se concentre sur un objet. Selon la

légende, le strabisme du siamois serait dû au fait qu'il était autrefois affecté à la garde d'un vase précieux. Consciencieux à l'extrême, il le regarda si fixement que ses yeux se mirent à loucher…

VOIR > **CHASSE** P. 40, 212, 310,
STRESS P. 280

ZIZI n.m. Extrémité pointue de l'appareil reproducteur du chat, indispensable à la pérennisation de l'espèce et à l'évacuation des urines.

• **LA SITUATION TYPE :** le chat mâle se lèche le zizi, miaule et fait des allers-retours fréquents dans sa litière.
• **CE QUE PENSE LE CHAT :** « *Aïe aïe aïe, j'ai beaucoup mal à uriner !* »

L'avis du vétérinaire

En dehors de la reproduction, les chats ne sont pas portés sur le sexe. Lorsqu'un chat, en particulier un mâle castré, se lèche le zizi, c'est toujours pour une raison médicale. Les chats mâles castrés, sédentaires, obèses, petits buveurs ou stressés sont particulièrement exposés aux affections de la vessie et de l'urètre (canal permettant l'évacuation des urines). Elles se traduisent par une augmentation du nombre de mictions journalières, de la malpropreté, une couleur anormale des urines, un léchage intempestif des parties génitales ou une incapacité à uriner. Dans ce dernier cas, la vessie grossit et devient dure, le chat a très mal et peut se mettre à vomir. Il s'agit d'une urgence médicale. Le chat doit être sondé au plus vite afin de libérer ses voies urinaires et éviter que ses reins ne s'abîment.

VOIR > CYSTITE P. 51

Même pas cap !

FRANÇAIS CHAT

ALIMENTATION **Apport de nourriture indispensable au maintien des fonctions de mon organisme et souvent véritable casse-tête pour mon maître.**

• **LA SITUATION TYPE :** le maître sert un autre plat à son chat qui gratte près de sa gamelle et refuse de manger.
• **CE QUE PENSE LE CHAT :** « *Super cette technique, pour avoir de la nouveauté !* »

L'avis du vétérinaire

Le chat est très difficile dans le choix de son alimentation. Avant de la goûter, il se met à la renifler. Si l'odeur lui plaît, il entame la dégustation. S'il ne sent rien (parce qu'il souffre, par exemple, d'un coryza), si l'odeur ne lui plaît pas ou s'il manque tout simplement d'appétit, il s'en va d'un air dégoûté ou se met à gratter près de sa gamelle. Le maître, craignant que son chat ne meure de faim, s'empresse alors de lui changer son menu. Le chat, qui adore la nouveauté, se jette sur sa ration sous le regard soulagé de son maître. Il comprend également comment obtenir ce qu'il veut et devient de plus en plus exigeant. Si votre chat est un fin gourmet, choisissez-lui de la pâtée, plutôt que des croquettes moins odorantes, et réchauffez-la au micro-ondes à la température de ses proies naturelles (38-40 °C). Variez aussi les parfums tout en restant dans la même gamme d'aliments.

VOIR > **ALIMENTATION** P. 18, **ANOREXIE** P. 23, **BOULIMIE** P. 36, **CORYZA** P. 50, **GAMELLE** P. 74, **GOÛT** P. 77, **ODORAT** P. 124, **RITUEL** P. 162, 336

Si t'en veux plus !
Béotien!
Minette
TOUTOU

ALLAITEMENT ARTIFICIEL **Mode d'alimentation utilisé par mon maître pour remplacer le bon lait de ma maman.**

• **LA SITUATION TYPE :** le maître donne le biberon à son chaton abandonné avant d'être sevré.

• **CE QUE PENSE LE CHATON :** « *J'ai retrouvé une nouvelle maman.* »

L'avis du vétérinaire

L'allaitement artificiel est indispensable lorsque la mère est morte, a abandonné sa portée ou ne produit pas assez de lait pour ses nombreux petits. Dans ce dernier cas, les chatons ne grossissent pas suffisamment, dorment mal, s'agitent et crient.

> Procurez-vous un biberon spécial chatons. Assurez-vous que la tétine est bien adaptée à leur bouche et que son trou est suffisamment grand.

> N'utilisez pas de lait de vache, insuffisant pour couvrir les besoins nutritionnels du chaton, mais un lait maternisé spécial chatons ou, en cas d'urgence et temporairement, le mélange suivant : 1 verre de lait de vache entier, 1 verre de crème fraîche à 12 % de matière grasse et 1 jaune d'œuf.

> La 1re semaine, donnez-lui 7 biberons par jour, 6 la 2e, puis 5 la 3e et 4 la 4e.

> S'il s'agit d'aider la mère, nourrissez les chatons la journée afin de lui laisser son lait pour les tétées de la nuit.

> Avant de donner la tétée, vérifiez que le lait est à bonne température (38 °C).

> Réveillez votre chaton, en le frictionnant légèrement avec une serviette douce, humide et tiède (comme si sa mère le léchait).
> Placez-le sur le ventre en position inclinée pour éviter les fausses déglutitions.
> Une fois le biberon terminé, massez-lui doucement la région anale avec un linge humide et tiède pour déclencher le réflexe de miction et de défécation (ce que faisait sa mère en le léchant).
> Après chaque utilisation du biberon, nettoyez-le (avec les produits destinés aux biberons des bébés) et stérilisez-le soigneusement ainsi que la tétine. Les chatons élevés artificiellement sont particulièrement sensibles aux infections.
> Pour vous assurer du bon développement du chaton, pesez-le au moins une fois par jour. Pendant les premières semaines, un chaton gagne normalement de 10 à 15 g par jour (environ 100 g par semaine) et double son poids de naissance en 10 jours.
> Dès le début de la 3e semaine, commencez à lui apprendre à boire le lait directement dans une petite écuelle.

VOIR > **ATTACHEMENT** P. 306, **AUTOCONTRÔLE** P. 204, **IMPRÉGNATION** P. 238, **MAMELLES** P. 322, **SEVRAGE** P. 276

APPRENTISSAGE

VOIR > **IMPRÉGNATION** P. 238, **PÉRIODE DE SOCIALISATION** P. 260, **TEST DE SOCIABILITÉ** P. 288

ARBRE À CHAT Élément de décoration kitschissime indispensable au chat d'intérieur.

- **LA SITUATION TYPE :** le maître installe un arbre à chat recouvert de fausse fourrure dans son séjour.
- **CE QUE PENSE LE CHATON :** « *Chouette, de la distraction !* »

L'avis du vétérinaire

Le chat a besoin d'exercice pour son équilibre. Dans la nature, il dispose d'une multitude d'agrès naturels (arbre, muret, poutre, gouttière, toiture…) pour se maintenir en forme. En appartement, mis à part le dessus du réfrigérateur, du bahut du salon et de quelques étagères, quand elles ne sont pas encombrées, le chat n'a guère l'occasion de sauter, de faire de l'équilibre ou de grimper, d'où la nécessité de lui offrir un arbre à chat. Comme son nom l'indique, il permet au chat de pratiquer l'escalade mais fait aussi office de grattoir, de cachettes, de terrain de jeu, de lieu de repos et de tour d'observation. Petits, moyens ou grands ; à un, deux, trois ou quatre étages ; recouverts de fausse fourrure jaune, verte, rose ou bleue, les arbres à chat ne sont pas toujours du meilleur goût pour les humains, surtout si vous avez un intérieur très classique. Mais ils plaisent toujours au chat. Plus il sera grand et agrémenté, plus votre chat sera heureux. Placez-le dans un coin de votre séjour ou près d'une fenêtre pour qu'il puisse observer son territoire. Pour l'attirer sur son nouveau jouet, placez à son sommet ses friandises préférées.

VOIR > APPARTEMENT P. 30, ARBRE P. 304

AUTOCONTRÔLE Capacité à contrôler mes mouvements, mes griffades et ma morsure.

- **LA SITUATION TYPE :** le maître donne une petite tape sur le nez de son chaton qui le mordille et le griffe.
- **CE QUE PENSE LE CHATON :** « *J'ai compris, je me calme.* »

L'avis du vétérinaire

Vers la 5e semaine, les dents de lait du chaton pointent et ses morsures deviennent douloureuses. S'il ne maîtrise pas sa morsure lors de la tétée ou pendant les jeux, sa mère le sanctionne. Elle lui donne un coup de patte sur le bout du nez ou lui attrape la tête entre ses pattes antérieures et lui griffe l'abdomen avec ses pattes postérieures. Elle régule également les jeux entre chatons. Lorsqu'un chaton mordu crie, sa mère accourt et punit le coupable. Le chaton apprend ainsi, au contact de sa mère et de ses frères et sœurs, à maîtriser sa motricité, à contrôler sa morsure et à rétracter ses griffes. Une fois arrivé chez vous, vous devez impérativement poursuivre cet apprentissage, même si les blessures infligées par votre chaton sont légères. Si votre chaton vous mordille ou vous griffe, donnez-lui une petite tape sur le nez et arrêtez le jeu. Soyez très strict : un chaton n'a pas besoin de « se faire les dents ou les griffes » sur vos mains. Vous pouvez également le mettre en présence de chats adultes qui le sanctionneront en cas d'écart de conduite.

VOIR > GRIFFE (COUP DE) P. 78, HYPERACTIVITÉ P. 84, MORSURE P. 250, PUNITION P. 270

Je suis peut-être un peu laxiste !
Aïe !

BAIN Ablution savonneuse réservée, avant tout, à une certaine élite de la gent féline.

• **LA SITUATION TYPE :** le maître tente de baigner son chat adulte pour la première fois. Celui-ci refuse obstinément.
• **CE QUE PENSE LE CHAT :** « *Ce n'est pas à mon âge que je vais prendre mon premier bain.* »

L'avis du vétérinaire

Seuls les chats d'exposition, à robe longue et soyeuse, ou incapables de faire correctement leur toilette (obèses, âgés ou handicapés) et ceux s'étant salis accidentellement ont besoin de prendre des bains. Si vous ne voulez pas que le premier bain de votre chat se transforme en bataille rangée, habituez-le au bain dès l'âge de 3 mois.
> Avant le bain, peignez-le pour démêler les nœuds.
> Utilisez de l'eau à environ 37 °C.
> Mouillez entièrement son poil, appliquez le shampooing vétérinaire, puis frictionnez-le fermement pour faire pénétrer la mousse.
> Laissez poser quelques minutes et rincez-le avec soin.
> Pressez sa fourrure à la main pour en extraire le maximum d'eau et enroulez-le dans une serviette bien chaude pour absorber le reste de l'eau.

Suite au bain, l'odeur naturelle du chat est remplacée par une autre artificielle. Ce changement d'odeur peut perturber les autres chats qui, dans un premier temps, peuvent ne pas reconnaître leur congénère. Cela peut même être à l'origine d'altercations. Rassurez-vous : après quelques séances de léchages et de frottements mutuels, votre chat aura vite récupéré l'odeur de son groupe.

VOIR > **MARQUAGE FACIAL** P. 110, **ODEUR CORPORELLE** P. 324, **TOILETTAGE** P. 180, 292, **TOILETTAGE MUTUEL** P. 342

BÉBÉ Petit d'homme qui rampe, gigote, crie et qui dispose d'un endroit bien confortable pour se reposer.

• **LA SITUATION TYPE :** le maître arrose à distance, à l'aide d'un pulvérisateur, son chat qui saute dans le couffin acheté avant l'arrivée du bébé.
• **CE QUE PENSE LE CHAT :** « *Pas prêt d'y remettre les pattes !* »

L'avis du vétérinaire

Le berceau est un endroit très attirant pour le chat. Il est chaud, confortable et sent bon le lait. Trois bonnes raisons de venir se coucher près du nouveau-né de la maison. Si le risque d'étouffement du bébé est minime, aucune preuve n'a jusqu'à présent véritablement était apportée. Les risques d'agression par peur (cri du bébé) ou douleur (geste maladroit du bébé), ou de transmission de maladies (parasites) existent. Il n'est donc pas prudent de laisser un chat seul dans la chambre du bébé.
Avant que le bébé arrive, vous pouvez apprendre au chat à ne pas s'installer dans le couffin. Pour cela, placez ce dernier dans la chambre et aspergez à distance votre chat à l'aide d'un pulvérisateur dès que vous le surprenez à sauter dedans. Vous pouvez aussi rendre le berceau inconfortable en installant dedans du papier d'aluminium, par exemple. Et si vous ne voulez prendre aucun risque, recouvrez le berceau d'une moustiquaire.

VOIR > AGRESSION PAR IRRITATION P. 14, AGRESSION PAR PEUR P. 15, LAIT P. 240, PUNITION P. 270, RADIATEUR P. 152

C'est malin!
Ouiiiiiiiin
Pourtant, j'avais visé le chat!
Raté!

CARESSE Instant de bien-être partagé avec mon maître.

• **LA SITUATION TYPE :** le maître, détendu dans son fauteuil, caresse son chat qui s'endort.
• **CE QUE PENSE LE CHAT :** « *Tes caresses me rappellent les câlins de ma maman…* »

L'avis du vétérinaire

Le chat bien socialisé à l'homme aime être caressé, mais pas n'importe où. Cela lui rappelle sans doute les séances de « léchouilles » prodiguées par sa mère. Il apprécie, tout particulièrement, les caresses sur les joues, le menton, le cou et le flanc. Ce sont ces mêmes zones qu'il s'applique à frotter sur les êtres vivants et les objets familiers de son environnement. En revanche, il est beaucoup plus réticent à se laisser caresser la base de la queue et le ventre. L'abdomen est une zone très vulnérable. Seuls les chats les plus familiers toléreront que leur maître les caresse à cet endroit : il s'agit d'une preuve de très haute confiance. Les autres réagiront à cette agression par un coup de griffe ou une morsure.

CARDIOCHATHÉRAPIE

Même si vous ne vous lassez pas de caresser votre chat, lui peut en avoir assez au bout d'un certain temps. Il faut alors arrêter les caresses aux premiers signes d'agacement (battement de queue, raideur du corps), avant qu'il ne vous le demande d'une façon moins amicale.
Les caresses sont aussi bonnes pour la santé du maître : des études scientifiques ont prouvé que le fait de caresser un chat réduisait la pression artérielle sanguine et allongeait l'espérance de vie des personnes cardiaques.

VOIR > **CHAT CARESSÉ-MORDEUR** P. 42,
GRIFFE (COUP DE) P. 78, **MARQUAGE FACIAL** P. 110,
MORSURE P. 250, **PÉRIODE DE SOCIALISATION** P. 260,
QUEUE P. 150

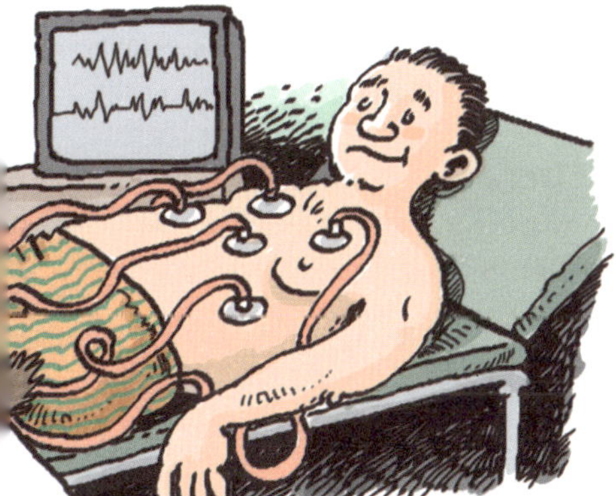

CHASSE Action de traquer et de poursuivre des animaux pour les attraper, les tuer et parfois les manger.

• **LA SITUATION TYPE :** le maître ne nourrit pas son chat pour le motiver à capturer la souris de la maison.
• **CE QUE PENSE LE CHAT :** « *Inutile de m'affamer, ma motivation pour attraper cette souris ne dépend pas de mon appétit.* »

L'avis du vétérinaire

Si le chat consomme ses proies par faim, l'affût, la capture et la mise à mort sont avant tout motivés par son goût instinctif de la chasse. La vue d'une mouche ou le bruit d'une souris suffisent à éveiller en n'importe quel chat domestique le prédateur qui sommeille. Inutile donc de l'affamer pour lui donner envie de dératiser la maison. Au contraire, il est recommandé de le nourrir, d'une part, pour qu'il soit plus patient et donc plus efficace lors de la traque et, d'autre part, pour qu'il s'attache à son foyer et n'aille pas chasser ailleurs. Ses proies préférées sont les petits rongeurs (sauf les musaraignes, qui le font vomir) et les oiseaux, mais aussi les poissons, les lézards, les grenouilles, les araignées et les insectes. Le plus grand dératiseur jamais connu est une femelle écossaise écaille-de-tortue, du nom de Townser (1963-1987). Elle a capturé dans sa vie près de 30 000 souris.

VOIR > **CHASSE** P. 40, 212, **OISEAU** P. 254,
SOURIS P. 277, 340

C'est sûr !
Sans arme, c'est moins évident !
YAHAAAAAAAAAAA

CLAQUEMENT DE DENTS Bruit sec particulier produit par le choc brutal de mes dents entre elles.

- **LA SITUATION TYPE :** le maître ouvre la baie vitrée à son chat qui claque des dents en observant de l'autre côté de la vitre une souris courir sur la terrasse.
- **CE QUE PENSE LE CHAT :** « *Trop tard, elle m'a échappé !* »

L'avis du vétérinaire

Le claquement de dents est une façon pour le chat d'exprimer sa frustration. Il a lieu, par exemple, lorsque le chat observe avec envie, sans pouvoir l'atteindre, une mouche voler dans une pièce, le canari virevolter en toute tranquillité dans sa cage ou lorsqu'il a repéré à travers la baie vitrée du séjour une souris se promener sur la terrasse ou un oiseau en train de manger des vers dans le jardin. Ce claquement de dents est souvent accompagné d'un balancement de la queue traduisant son excitation. Vous l'aurez compris : le chat n'aime pas être enfermé, surtout lorsque les souris et proies en tout genre dansent à l'extérieur. Si vous voulez lui éviter toute frustration, faites en sorte qu'il puisse sortir facilement à sa guise. Pour cela, vous pouvez laisser portes et fenêtres ouvertes ou lui aménager plusieurs chatières qu'il pourra emprunter à toutes heures du jour et de la nuit. Le chat peut aussi claquer des dents et saliver suite à une fracture dentaire. Le traitement consiste à extraire le reste de la dent et sa racine.

VOIR > **AGRESSION REDIRIGÉE** P. 16, **OISEAU** P. 254, **QUEUE** P. 150

COHABITATION **Situation m'obligeant à partager ma maison et mon jardin ou mon appartement avec un autre individu.**

◆ ***Cohabitation avec un autre chat*** **Obligation de vivre sous le même toit qu'un de mes congénères.**

• **LA SITUATION TYPE :** le maître pulvérise des phéromones d'allo-marquage sur les deux chats amenés à cohabiter ensemble, avant de faire les présentations.
• **CE QUE PENSE LE CHAT :** « *Tiens ! Ce nouveau venu ne m'est pas inconnu !* »

L'avis du vétérinaire

De nombreux propriétaires pensent faire plaisir à leur chat en lui ramenant un nouveau compagnon de jeu. C'est ignorer que le chat est un animal territorial plutôt solitaire. Si vous habitez dans un petit appartement et que votre chat est habitué depuis des années à vivre seul, mieux vaut oublier cette fausse bonne idée. Sinon, quelques précautions sont indispensables pour éviter la zizanie.
> Choix du chat : même s'il est impossible de prévoir à 100 % la réaction de votre chat face à un nouveau compagnon, vous diminuerez son stress en choisissant un chaton. Si vous optez pour un adulte, préférez un animal stérilisé, habitué à vivre avec d'autres chats et ayant un mode de vie proche de celui de votre chat. Si votre chat provient d'un élevage et que vous en êtes satisfait, choisissez de préférence le même éleveur.

> Aménagement de l'intérieur : plus le territoire à partager sera grand, plus la cohabitation sera facilitée. Si vous habitez en appartement, augmentez la surface en installant des étagères où vos chats pourront aller se réfugier. Afin d'éviter les conflits entre le chat résidant et le nouveau locataire, mettez à leur disposition 3 litières, 3 gamelles, 3 bols à eau et 3 lieux de couchage différents.
> Presentation : placez le nouvel arrivant dans une pièce avec ses gamelles, ses jeux, sa litière et son couffin. Pour l'aider à trouver ses marques, pulvérisez sur les endroits saillants de la pièce un spray à base de phéromones faciales apaisantes ou branchez un diffuseur électrique. Une fois qu'il se sera habitué à son nouvel environnement, vous pourrez passer aux présentations. Pour faciliter la rencontre, appliquez avec les mains le spray à base de phéromones d'allomarquage sur la face et les flancs des deux chats. Cette odeur commune les rassurera et réduira le risque de conflit. Si, malgré ces précautions, ils se bagarrent, n'intervenez pas, mais aménagez des cachettes et laissez les portes ouvertes afin que l'agressé puisse échapper à son agresseur. Soyez patient : même s'il arrive que deux chats s'entendent immédiatement, il faut en moyenne un mois pour qu'ils finissent par s'accorder.

VOIR > ANXIÉTÉ EN MILIEU CLOS P. 27, APPARTEMENT P. 30, COHABITATION P. 314, MARQUAGE FACIAL P. 110, ODEUR CORPORELLE P. 324, PHÉROMONES P. 328, TERRITOIRE P. 176

Si tous les chats du monde voulaient bien se donner la patte...
RAT POLLO IV
Ce ne serait pas une bonne idée!

◆ ***Cohabitation avec un chien*** **Obligation de partager mon territoire avec un individu qui ne m'inspire pas toujours confiance.**

• **LA SITUATION TYPE :** le maître pose son chat, qui n'a jamais vu de chien, sur ses genoux et appelle le chien pour venir s'asseoir à ses côtés.

• **CE QUE PENSE LE CHAT :** « *Cet énergumène qui approche ne fait pas partie de mes amis.* »

L'avis du vétérinaire

À la naissance, chaton et chiot n'ont aucun *a priori* l'un sur l'autre. Pour qu'ils deviennent les meilleurs amis du monde, l'idéal est qu'ils soient élevés ensemble depuis leur plus jeune âge. Attention, l'amitié entre espèces différentes est très sélective. Si votre chat s'est lié d'amitié avec un pinscher nain, il n'appréciera pas forcément l'arrivée d'un saint-bernard. Si, une fois adulte, votre chat n'a jamais vu de chien, il le considérera comme un prédateur potentiel, et leur première rencontre risquera de se traduire par la fuite ou un comportement agressif du chat.
Pour faciliter leur premier contact, veillez à protéger le territoire du chat. Placez son bac, ses gamelles et son panier hors de portée du chien ; veillez également à ce qu'il dispose de lieux de repos en hauteur et de cachettes en cas de conflit. Pour les présentations, placez le chat sur vos genoux. C'est une façon de dire à votre chien que le chat est sous votre protection. Pour rassurer le chat, appliquez sur la face et les flancs du chien un spray à base de phéromones d'allomarquage. Appelez votre

chien et faites-le s'asseoir à vos côtés. S'il se montre amical, récompensez-le. Si le chien se montre agressif, laissez le chat s'échapper, grondez le chien et renvoyez-le à son panier. Si votre chat refuse de s'approcher du chien, ne forcez pas le contact, laissez-les se jauger à distance. Avec le temps, une véritable amitié pourra peut-être s'installer.

VOIR > **AGRESSION** P. 12, 298, **COHABITATION** P. 215, 314, **PÉRIODE DE SOCIALISATION** P. 260, **TERRITOIRE** P. 176

DEMANDE DE NOURRITURE Petit rituel me permettant d'obtenir à manger à volonté.

• **LA SITUATION TYPE :** le maître donne à manger à son chat qui gratte le réfrigérateur.
• **CE QUE PENSE LE CHAT :** « *Ça marche pour avoir à manger !* »

L'avis du vétérinaire

Le chat est un grignoteur, mais il n'est trop souvent nourri que 2 fois par jour, voire, dans le pire des cas, une fois. Affamé entre les repas, il se met à réclamer sa pitance en miaulant devant le réfrigérateur, en grattant la porte de celui-ci, en se frottant aux jambes de son maître ou en s'asseyant devant sa gamelle. Récompensé par des croquettes ou de la pâtée, le chat comprend vite comment obtenir de la nourriture à volonté. Et même quand il n'en réclame pas, son maître, persuadé que son chat a toujours faim, interprète, à tort, certains de ses comportements comme des demandes de nourriture. Si la quantité distribuée n'est pas contrôlée, ces petits rituels conduisent immanquablement à la surcharge pondérale. Pour prévenir tout risque d'obésité, optez pour des croquettes, pesez la quantité journalière et distribuez-la en libre-service. Ainsi, votre chat pourra manger à toute heure du jour et de la nuit sans avoir à quémander et sans dépasser la quantité nécessaire.

VOIR > **ALIMENTATION** P. 18, 198, **BOULIMIE** P. 36, **MIAULEMENT** P. 114, **OBÉSITÉ** P. 120, **RITUEL** P. 162, 336, **STÉRILISATION MÂLE** P. 279

Charles-Édouard !
Tu ne trouves pas
que tu en fais un
peu trop?!
POUR
MANGER

◆ ***Distribution de nourriture*** **Rituel institué par mon maître pour m'avertir que le repas est servi.**

• **LA SITUATION TYPE :** le maître agite la boîte de croquettes avant de les verser dans la gamelle de son chat.
• **CE QUE PENSE LE CHAT :** « *Le repas est servi…* »

L'avis du vétérinaire

Des rituels peuvent être instaurés à l'initiative du maître pour communiquer avec son chat. Ceux autour de la distribution de nourriture sont les plus nombreux. C'est le cas de l'agitation de la boîte de croquettes, du bruit de la gamelle sortie de l'armoire ou de l'ouvre-boîte. Ils attirent immanquablement le chat de la maison. Une fois en place, ce rituel est très pratique pour attirer le chat, par exemple lorsqu'il doit être consulté à domicile par le vétérinaire.
Lorsqu'un chat adulte est adopté, les rituels qu'il avait appris sont rarement opérationnels dans sa famille d'accueil. Cette incapacité à communiquer peut être génératrice d'anxiété. Il ne faut surtout pas gronder le chat s'il ne répond pas correctement à certains de vos rituels, mais lui apprendre leur signification.

VOIR > ANXIÉTÉ P. 26, DEMANDE DE NOURRITURE P. 220, RITUEL P. 162, 336

Pavlov!
À table!
RÉSISTE!

DÉTACHEMENT Attitude distante de ma maman humaine destinée à me faire devenir grand.

• **LA SITUATION TYPE :** le maître reste indifférent au cérémonial de son chaton lorsqu'il rentre à la maison.
• **CE QUE PENSE LE CHATON :** « *Tu es bien distant depuis quelque temps.* »

L'avis du vétérinaire

Un chaton recueilli et non encore sevré a non seulement besoin de nourriture, mais aussi de recréer des liens d'attachement avec une nouvelle maman. La personne qui le nourrit, le câline, le distrait, le protège et le réconforte quand il est inquiet remplit très bien cette fonction. Elle va lui procurer la sécurité et lui donner la confiance nécessaire pour découvrir le monde. Il la suit partout, miaule lorsqu'il ne la voit plus, lui suce les doigts et dort tranquillement contre elle. Mais cet amour fusionnel n'a qu'un temps. Pour que le chaton prenne son autonomie, sa maman d'adoption doit se détacher progressivement de lui, comme le ferait la chatte, entre la 8e et la 12e semaine. Elle doit le repousser lorsqu'il vient se blottir contre elle dans le lit, le corriger d'une tape sur le nez lorsqu'il tète, l'empêcher de la suivre partout et ne plus répondre à ses miaulements et ses demandes de contact intempestives. Sinon, le chaton risque de développer un état d'hyperattachement lui rendant toute séparation insupportable. Et si l'idée de se détacher d'une petite boule de poils que vous avez sauvée d'une mort certaine vous met mal à l'aise, évitez à tout prix d'adopter un chaton non sevré.

VOIR > **ALLAITEMENT ARTIFICIEL** P. 200,
ATTACHEMENT P. 306, **DÉTACHEMENT** P. 316

DIVORCE Séparation officielle de mes maîtres, à l'origine d'une perturbation de mon territoire et de mes liens affectifs.

• **LA SITUATION TYPE :** la maîtresse part du domicile conjugal avec son chat adoré.
• **CE QUE PENSE LE CHAT :** « *Je suis content de partir avec toi, mais triste de quitter mon territoire.* »

L'avis du vétérinaire

Aujourd'hui, en cas de divorce, le chat est considéré comme un meuble au même titre que le canapé ou la commode. Son devenir dépend du régime matrimonial des époux. Sous le régime de la séparation de biens, l'animal appartient à celui qui en a la propriété. Sous le régime de la communauté réduite aux acquêts, l'animal appartient soit à l'un des époux, si l'animal a été acheté avant leur union, soit aux deux, s'il a été acquis pendant le mariage. Sous le régime de la communauté universelle, l'animal appartient pour moitié aux deux conjoints. En cas d'indivision et si aucun accord amiable n'est possible entre les deux parties, c'est au juge de trancher. Pour cela, l'idéal serait que le juge interroge le chat qui, très attaché à son territoire, dirait sans aucun doute : « Avec celui qui m'aime et qui reste au domicile conjugal. » Hélas, les deux conditions ne sont pas toujours compatibles, et le chat est souvent la victime innocente de la séparation de ses maîtres.

VOIR > DÉMÉNAGEMENT P. 52, TERRITOIRE P. 176

DOUDOU Objet favori en laine ou en tissu que j'adore sucer.

• **LA SITUATION TYPE :** le maître asperge son chat siamois qui est en train de sucer la couverture en laine de son lit.
• **CE QUE PENSE LE CHAT :** « *Désolé, mais cette manie de sucer de la laine est plus forte que moi.* »

L'avis du vétérinaire

Les races de chat oriental, en particulier le siamois et le burmese, ont la fâcheuse manie de sucer toutes sortes de matières (laine, fibres synthétiques, plastique, cheveux...). Il leur arrive même de les avaler, d'où le risque de troubles digestifs, voire d'occlusion digestive. Plusieurs hypothèses ont été avancées pour expliquer ce comportement : carence alimentaire, sevrage trop précoce, activité substitutive chez un animal anxieux... Dans tous les cas, l'affection semble se transmettre de génération en génération. Pour faire cesser ce comportement, corrigez votre chat en lui donnant une petite tape sur le museau ou en l'aspergeant d'eau à distance. En votre absence, mettez hors de sa portée les tissus et les matières qu'il affectionne et fournissez-lui un environnement stimulant. En général, ce comportement cesse de lui-même vers l'âge de 2 ans. S'il s'aggravait, consultez votre vétérinaire. En prévention, il est recommandé de ne pas faire se reproduire les chats suceurs de laine et de laisser les chatons siamois et apparentés en présence de leur mère jusqu'à l'âge de 12 semaines.

VOIR > **ANXIÉTÉ** P. 26, **PUNITION** P. 270, **SEVRAGE** P. 276

FENÊTRE OSCILLO-BATTANTE **Fenêtre « hypocrite » laissant croire au chat qu'il peut circuler sans encombre.**

• **LA SITUATION TYPE :** le maître entrebâille une fenêtre oscillo-battante pour aérer son habitation.
• **CE QUE PENSE LE CHAT :** « *Si ma tête passe, tout passe.* »

L'avis du vétérinaire

Aucun chat ne résiste à l'appel de la liberté, surtout s'il s'ennuie chez lui, que les copains l'appellent ou qu'il doit chasser le chat du voisin qui vient le narguer sur son territoire. Il profitera alors de toutes les opportunités pour se faufiler dehors, même au risque de sa vie. Avec une fenêtre oscillo-battante, la tête et les pattes avant passent généralement sans problème. Mais si le chat a un peu d'embonpoint ou manque de souplesse, le reste ne suit pas et le malheureux se retrouve coincé la tête et les pattes avant dehors, et le reste du corps à l'intérieur. Prisonnier de cette véritable guillotine à chat, il peut alors mourir d'étouffement, d'hémorragie interne ou subir de graves lésions de la colonne vertébrale. Ne laissez jamais une fenêtre oscillo-battante ouverte, ce serait prendre trop de risques. Fermez-la et investissez dans une chatière beaucoup plus pratique et sans danger.

VOIR > CHATIÈRE P. 44, FENÊTRE P. 66

Dansons la carmagnole...

FEULEMENT ET CRACHEMENT **Bruits associés à une grimace que fait mon maître lorsqu'il est en colère.**

• **LA SITUATION TYPE :** le maître souffle bruyamment sur son chat qui monte sur la table pour manger dans les assiettes.
• **CE QUE PENSE LE CHAT :** « *Puisque c'est comme ça, je m'en vais !* »

L'avis du vétérinaire

Feulement et crachement sont des gros mots qu'un chat bien élevé n'emploie pas chez lui avec ses amis. Le feulement est émis les dents serrées, la langue recourbée, la bouche ouverte, les lèvres relevées en propulsant rapidement l'air à l'extérieur. Associé à une posture de menace, les oreilles aplaties sur le côté, le poil hérissé, il sert à impressionner un adversaire et à éviter le combat. Il s'accompagne souvent de crachement lorsque le ton monte. Si votre chat vous feule dessus, laissez-le tranquille sous peine de représailles. Et ne vous amusez pas à lui souffler dessus, les dents serrées, sans raison : il n'apprécierait guère la plaisanterie. En revanche, plutôt que de crier dessus ou lui donner une tape, vous pouvez parfaitement utiliser ce son pour le corriger lorsqu'il fait une bêtise. Le message sera parfaitement compris.

VOIR > **GROS DOS** P. 318, **PUNITION** P. 270

Il faut encore travailler l'accent tonique !
MAÔOÔPFRRTTTTTTTT

FŒTUS Petit chat encore bien au chaud et à l'abri dans le ventre de sa maman.

• **LA SITUATION TYPE :** le maître caresse le ventre de la chatte qui attend des petits.
• **CE QUE PENSE LA CHATTE :** « *Tes caresses nous réconfortent, moi et mes bébés.* »

L'avis du vétérinaire

Durant la gestation, les fœtus ne sont pas complètement isolés du monde extérieur. Ils vivent en osmose avec leur mère et ressentent, par l'intermédiaire des sécrétions hormonales et des contractions de l'utérus et des intestins, ses émotions. En réponse à l'anxiété de leur mère, les fœtus sont pris d'agitation ou se mettent à sucer leur cordon ou leur patte. Cette sensibilité se traduit par une plus grande émotivité chez les chatons issus de mère stressée, d'où l'intérêt d'écarter de la reproduction les mères trop anxieuses et d'assurer à la future mère un cadre de vie tranquille.
Les fœtus sont également sensibles aux caresses pratiquées sur le ventre de leur mère. Ces contacts répétés améliorent la tolérance des chatons aux manipulations. N'hésitez donc pas à masser doucement le ventre de la future mère. Vous lui ferez plaisir et vous rendrez ses chatons encore plus câlins.

VOIR > ANXIÉTÉ P. 26, CARESSE P. 210, CHAT CARESSÉ-MORDEUR P. 42, GESTATION P. 76, STRESS P. 280

GRIFFOIR Seul objet de la maison sur lequel mon maître apprécie que je fasse mes griffes.

• **LA SITUATION TYPE :** le maître installe un griffoir, après l'avoir frotté avec des olives écrasées, près du lieu où dort son chat.
• **CE QUE PENSE LE CHAT :** « *En voilà un endroit idéal pour marquer mon territoire.* »

L'avis du vétérinaire

Tous les chats ont besoin de griffer. Si vous ne voulez pas que votre chat griffe votre beau canapé en cuir, les pieds en bois de votre table, votre tapisserie murale, mettez plusieurs griffoirs à sa disposition. Un bon griffoir doit être stable, de préférence vertical (certains chats utilisent aussi les griffoirs horizontaux) et assez grand pour que le chat puisse s'étirer de tout son long. Pour le rendre plus attractif, frottez-le avec des olives ou noyaux d'olives écrasés, ou aspergez-le d'essence de valériane. Placez les griffoirs près de ses lieux de repos et aux endroits de passage. Le chat adore faire ses griffes en se réveillant aux endroits visibles de son territoire. N'oubliez pas que la fonction première des griffades est la communication. Si, malgré cela, il continue à griffer aux endroits interdits, plusieurs solutions sont envisageables :
> Pulvérisez sur les griffades des phéromones faciales apaisantes.
> Protégez l'endroit en le recouvrant de papier d'aluminium ou de plastique.
> Transformez le lieu en aire de jeux.

> Punissez-le à distance en l'arrosant avec un pistolet à eau ou en lui jetant un objet. Cette solution est à manier avec précaution, car elle peut aggraver l'anxiété du chat, et donc les griffades.
> Si vous changez la tapisserie ou le tissu d'ameublement, évitez les motifs avec des rayures verticales. Le chat adore y mettre ses griffes !
> Coupez-lui les griffes régulièrement. Utilisez un coupe-griffes à guillotine bien aiguisée. Vous en trouverez chez votre vétérinaire ou dans une animalerie. Appuyez sur le coussinet plantaire pour faire sortir la griffe, puis coupez-la à 3-4 mm en dessous de la

matrice de couleur rose, visible par transparence, qui saigne quand elle est coupée. Si vous n'êtes pas sûr de vous, ne sectionnez que l'extrémité de la griffe, et si le chat réagit, coupez la griffe moins courte. Enfin, si elle saigne par accident, appliquez dessus une compresse imbibée d'eau oxygénée jusqu'à ce que le saignement s'arrête.

VOIR > **ANXIÉTÉ** P. 26, **ÉTIREMENT** P. 64, **GRIFFES** (FAIRE SES) P. 79, **PHÉROMONES** P. 328, **PUNITION** P. 270, **TERRITOIRE** P. 176

HOSPITALISATION Séjour que je suis obligé d'effectuer en clinique vétérinaire pour y recevoir des soins médicaux ou chirurgicaux.

• **LA SITUATION TYPE :** le maître tente de rassurer son chat, visiblement stressé, dans sa cage d'hospitalisation.
• **CE QUE PENSE LE CHAT :** *« Où suis-je, où sont mes marques et mes proches, c'est quoi toutes ces odeurs ? »*

L'avis du vétérinaire

L'hospitalisation d'un chat est souvent aussi stressante pour le maître que pour le chat. Pour vous rassurer, allez vous-même déposer votre chat dans sa cage d'hospitalisation. La chatterie idéale est exposée au sud avec une ouverture sur l'extérieur, indépendante du lieu d'hospitalisation des chiens, bien ventilée, chauffée (20-24 °C) et insonorisée. Si elle est en sous-sol, la durée d'éclairage doit être de 14 heures par jour. Elle contient au maximum une dizaine de cages sans vis-à-vis, en plastique dur ou fibre de verre, moins froid que l'inox. Si l'hospitalisation est de courte durée (opération de convenance, examen complémentaire), la taille de la cage a peu d'importance. En revanche, si elle est de longue durée, la cage doit être suffisamment grande pour que le chat dispose d'une aire de repos, d'élimination et d'alimentation. À cet effet, deux petites cages peuvent être réunies pour n'en faire qu'une. Le non-respect de ces normes peut être à l'origine d'une anorexie et retarder la guérison.
Pour rendre l'hospitalisation de votre chat plus supportable, laissez-lui son panier, un jouet ou tout autre objet familier et

venez le voir tous les jours pour le réconforter. Malgré toutes les précautions prises, l'hospitalisation d'un chat doit toujours être la plus courte possible.

VOIR > **ANOREXIE** P 23, **CAGE DE TRANSPORT** P 38, **DÉPRESSION** P 54, **ODEUR CORPORELLE** P 324, **STRESS** P 280, **TERRITOIRE** P 176

IMPRÉGNATION Apprentissage fondamental qui permet au chaton de savoir à quelle espèce il appartient.

• **LA SITUATION TYPE :** le maître élève son chaton orphelin sans jamais le mettre en contact avec ses congénères.
• **CE QUE PENSE LE CHATON :** « *Quand je serai grand, je me marierai avec toi.* »

L'avis du vétérinaire

À la naissance, le chaton ne sait pas qu'il est un chat. Ce processus d'identification, appelé « imprégnation », s'effectue naturellement grâce au lien étroit qui l'unit à sa mère et au contact avec ses congénères. Il débute à l'ouverture des yeux aux alentours du 10e jour et s'achève vers la 7e semaine. Si, durant cette période, le chaton n'a pas de contact avec son espèce, il s'identifiera à l'espèce la plus proche : un chien s'il est allaité par une chienne, un humain s'il est nourri au biberon. Plus tard, ses comportements sociaux et sexuels seront orientés vers l'espèce à laquelle il s'est identifié et il aura de grandes difficultés à communiquer avec ses congénères. Pour éviter cet inconvénient, le chaton orphelin ou délaissé par sa mère doit être confié à une autre chatte ou être mis, dès la 3e semaine, en contact avec ses congénères.

VOIR > ALLAITEMENT ARTIFICIEL P. 200, ATTACHEMENT P. 306, PÉRIODE DE SOCIALISATION P. 260, RITUEL P. 162, 336

Maman!
POISSON-CHAT

LAIT Boisson de couleur blanche particulièrement appréciée de nous, les chats.

• **LA SITUATION TYPE :** le maître sert du lait coupé d'eau à son chat.
• **CE QUE PENSE LE CHAT :** « *Toi, tu sais t'y prendre pour me donner envie de boire.* »

L'avis du vétérinaire

Une fois sevré, le chaton perd une partie de sa capacité à digérer le lactose (sucre du lait). Mal digéré, le lait peut alors être responsable de selles molles, voire même de diarrhée. Néanmoins, la majorité des chats adultes sont capables de digérer environ 60 ml de lait par jour, soit largement plus qu'ils n'en consomment. Certains chats préfèrent le lait à l'eau, surtout quand, dans leur jeunesse, ils ont eu l'habitude de boire du lait. Si votre chat fait partie de cette catégorie, mélangez quelques gouttes de lait dans son eau. En diluant le lait, vous faciliterez sa digestion et éviterez de contrarier votre petit félin. Si vous lui refusez le lait, il risque de moins boire, ce qui peut être préjudiciable à sa santé, en particulier s'il souffre de problèmes urinaires ou rénaux. Et si vous ne voulez absolument pas prendre de risque, remplacez le lait de vache par du lait pour chat à teneur réduite en lactose (en vente dans les grandes surfaces).

VOIR > **EAU** P. 62, **GAMELLE** P. 74, **SOIF** P. 168

LAVE-LINGE Machine étrange qui tourne et fait du bruit, mais qui est aussi un endroit confortable pour faire la sieste au calme.

• **LA SITUATION TYPE :** le maître donne un coup de pied dans le lave-linge pour faire sortir son chat.
• **CE QUE PENSE LE CHAT :** « *C'est quoi ce bruit ! Je n'ai plus qu'à trouver un endroit plus tranquille !* »

L'avis du vétérinaire

Le chat est un gros dormeur. Il adore se cacher loin du bruit pour piquer un somme en toute sécurité. Le linge chargé dans le lave-linge constitue un endroit très confortable pour dormir sans être dérangé. Régulièrement, des chats, et surtout des chatons qui se dissimulent plus facilement, trouvent la mort dans d'atroces conditions par manque de vigilance de leur maître.
Pour éviter un tel accident, ne laissez jamais le hublot de votre sèche-linge ou lave-linge ouvert et jetez toujours un œil à l'intérieur de votre machine avant de la charger ou de fermer le hublot et de la mettre en route. Vous pouvez aussi choisir des machines que l'on charge par le dessus, plus difficilement accessibles et moins confortables.
Ces endroits ne sont pas les seuls où le chat aime se cacher. Le dessous des couvertures, les placards… sont également très appréciés, mais heureusement moins dangereux !

VOIR > **BÉBÉ** P. 208, **RADIATEUR** P. 152, **SOMMEIL** P. 170

LA PORTE !

MÉDICAMENT Drôle de petite pilule que mon maître tente de me faire avaler, comme si c'était une croquette.

• **LA SITUATION TYPE :** le maître cache un comprimé au milieu des croquettes de son chat.
• **CE QUE PENSE LE CHAT :** « *Ce comprimé, je l'ai vu et senti, cours toujours pour que je l'avale !* »

L'avis du vétérinaire

Que ce soit pour traiter les troubles du comportement ou d'autres maladies, le vétérinaire dispose d'un arsenal thérapeutique très important. Encore faut-il que le chat accepte de prendre ses comprimés sans trop de difficultés. Pour cela, certains laboratoires vétérinaires ont mis au point des médicaments enrobés afin d'améliorer leur goût et faciliter leur prise. Si, malgré tout, votre chat fait la fine bouche, vous pouvez cacher ou écraser le comprimé dans sa nourriture, mais rares sont les chats à se laisser berner aussi facilement. Attention, le fait de réduire en poussière un médicament peut le rendre inefficace ; renseignez-vous auprès de votre vétérinaire. Et si ce stratagème ne fonctionne pas, il ne vous restera plus qu'à le lui mettre vous-même dans la gueule :
> Placez le chat sur vos genoux ou sur une table. S'il se débat, enroulez-lui le corps et les pattes dans une couverture.
> Placez votre pouce et votre index de chaque côté de sa mâchoire supérieure, juste en arrière des crocs, et tirez dessus pour lui faire basculer la tête légèrement vers l'arrière. Puis abaissez sa mâchoire inférieure, en plaçant l'index de l'autre main dans l'espace situé entre les deux crocs de la mâchoire inférieure, et

placez le comprimé le plus en arrière de la langue pour déclencher le réflexe de déglutition.
> Maintenez sa gueule fermée, en lui massant légèrement la gorge. Vérifiez que le comprimé est bien avalé et félicitez-le. Pour faciliter la déglutition, enrobez le comprimé de beurre ou injectez un peu d'eau dans sa gueule avec une seringue.
> Si votre chat refuse obstinément d'avaler un comprimé, demandez au vétérinaire un équivalent en liquide ou écrasez le comprimé dans un peu d'eau. Prélevez le liquide avec une seringue sans aiguille et injectez-lui le liquide, gueule fermée, en plaçant l'embout de la seringue juste derrière les crocs.

VOIR > **GOÛT** P. 77, **RÉCOMPENSE** P. 274

MÉMOIRE Faculté cérébrale du chat à emmagasiner des informations en tout genre et en particulier au sujet des humains.

• **LA SITUATION TYPE :** le maître crie et frappe de la main son chat qui a fait une bêtise.
• **CE QUE PENSE LE CHAT :** « *Par ton énervement, tu viens de briser notre amitié.* »

L'avis du vétérinaire

Le chat a une excellente mémoire. Sa mémoire à court terme retient l'information moins d'une minute dans son cerveau. Elle lui permet, lorsqu'il joue avec une balle et qu'elle disparaît sous un meuble, de savoir où elle se trouve même sans la visualiser. Sa mémoire à long terme maintient l'information des mois, voire des années, imprimée dans son cerveau. Elle lui permet de se souvenir d'apprentissages, de rituels, de la topographie de certains lieux, de ses amis ou d'expériences désagréables. Si vous punissez directement votre chat, il associera votre présence à une expérience négative et risque de vous en tenir rigueur pendant de longs mois ou, pire, des années. Une bonne raison, lorsque vous voulez réorienter le comportement de votre chat, d'avoir recours aux punitions à distance.

VOIR > PHOBIE P. 140, PUNITION P. 270

Nous avons beaucoup de points communs.

MISE BAS Phase terminale de la gestation durant laquelle la présence de mon maître me rassure.

• **LA SITUATION TYPE :** le maître caresse et encourage de la voix sa chatte en train d'accoucher.
• **CE QUE PENSE LA CHATTE :** *« Avec toi, je suis moins inquiète. »*

L'avis du vétérinaire

Une chatte, très attachée à son maître, a besoin de sa présence pour mettre bas. Il n'est pas rare qu'elle interrompe son travail en son absence. Veillez donc à être en congé pour assister votre chatte. Ne vous inquiétez pas si les chatons ne sortent pas tous la tête la première. En effet, près d'un chaton sur deux naît en présentation postérieure, sans difficulté particulière. Après la mise bas, la chatte déchire la poche des eaux qui entoure le chaton, sectionne le cordon ombilical qui le relie au placenta, puis se met à lécher son petit. Les placentas sont éliminés un à un, quelques minutes après chaque naissance, mais parfois en une seule fois après la dernière naissance. Pour éviter une indigestion à la mère, éliminez certains placentas avant qu'elle ne les mange. La durée d'expulsion varie de quelques minutes à une demi-heure, voire jusqu'à une heure pour le premier chaton. En général, il s'écoule de 10 à 60 minutes entre deux naissances. Le nombre de petits varie en moyenne de 4 à 6.

VOIR > GESTATION P. 76, MISE BAS (CAISSE DE) P. 249, STRESS P. 280

◆ ***Caisse de mise bas*** **Endroit aménagé par mon maître pour que je mette au monde mes chatons dans un maximum de confort.**

• **LA SITUATION TYPE :** le maître installe une corbeille garnie de serviettes dans l'armoire de sa chambre, où sa chatte, en fin de gestation, a choisi de se réfugier.
• **CE QUE PENSE LA CHATTE :** « *Ici, je serai bien pour mettre bas.* »

L'avis du vétérinaire

Quelques jours avant la date prévue de la mise bas, mettez à disposition de votre chatte une caisse, un carton ou une corbeille de mise bas. Veillez à ce qu'elle soit assez spacieuse pour accueillir la mère et ses petits, et que ses bords soient assez hauts pour que les chatons ne puissent pas en sortir. Placez-la dans un endroit calme, sombre et bien chauffé (22 °C). Garnissez-la de serviettes éponge ou de draps. Si elle choisit un autre lieu, ne la contrariez pas : aidez-la plutôt à le rendre plus confortable.
Durant les premières semaines de sa vie, le chaton est incapable de réguler sa température corporelle. Le refroidissement est une cause majeure de mortalité. Pour l'éviter, la température ambiante doit être au minimum de 22 °C, afin d'assurer aux chatons, durant leur 1re semaine, une température minimale de 30 °C au contact de leur mère.

VOIR > GESTATION P. 76, MISE BAS P. 248

MORSURE Blessure souvent douloureuse provoquée par l'action de ma mâchoire, et en particulier de mes crocs.

• **LA SITUATION TYPE :** le maître souffle bruyamment sur le museau de son chaton qui s'excite au cours du jeu et le mord.
• **CE QUE PENSE LE CHATON :** *« Tu n'apprécies pas mes crocs ? »*

L'avis du vétérinaire

Trop de propriétaires tolèrent encore les morsures de leur chaton au cours du jeu. Toutes les excuses sont bonnes pour ne pas intervenir : ce n'est rien, il fait cela pour jouer, il ne fait pas cela méchamment, il ne fait pas mal, il se calmera bien en grandissant… Il s'agit pourtant d'une erreur fondamentale d'éducation. En tolérant un tel comportement, le propriétaire n'apprend pas à son chaton à le respecter. En grandissant, les morsures seront de plus en plus douloureuses, et il sera beaucoup plus difficile de remettre le chat dans le droit chemin.
Pour éviter cela, vous devez systématiquement corriger votre chaton lorsqu'il vous mord. La méthode la plus facile est de lui infliger immédiatement après la morsure plusieurs petits coups de doigt sur le museau, comme le ferait sa mère, et d'arrêter momentanément le jeu. Vous pouvez aussi lui souffler bruyamment dessus ou le plaquer au sol et lui gratter vigoureusement le ventre. Petit à petit, votre chaton apprendra, en jouant avec vous, quelles sont les limites à ne pas dépasser.

VOIR > AGRESSION P. 12, 298, AUTOCONTRÔLE P. 204, GRIFFE (COUP DE) P. 78

C'est déloyal !
VÉTO

NOM **Mot choisi par mon maître et qui me signale que je dois être attentif.**

- **LA SITUATION TYPE :** le maître appelle son chat : « Roméo ».
- **CE QUE PENSE LE CHAT :** *« Mon maître a un message pour moi. »*

L'avis du vétérinaire

Le nom est le premier cadeau que vous ferez à votre chaton. Il signifie qu'il fait partie de votre famille. Son choix n'est pas anodin. Il exprime vos aspirations et influencera positivement

(Câlin) ou négativement (Satanas) ses relations futures avec son entourage. Il permet aussi d'identifier votre animal. Il figure sur son carnet de vaccination, son passeport, sa carte de tatouage, son pedigree et sur tous les certificats rédigés par votre vétérinaire. Enfin, il sert de signal sonore pour capter son attention avant de lui donner un ordre. Tous les noms sont permis, sauf pour les animaux inscrits à un livre des origines (titulaires d'un pedigree). Pour eux, la première lettre du prénom est imposée chaque année. Rien ne vous empêche, toutefois, de lui donner un surnom à votre goût. Celui-ci peut être choisi en fonction de sa personnalité, de son physique, de la couleur de son poil, de ses origines, de son sexe, ou tout simplement de votre inspiration. Si vous êtes en panne d'idées, consultez le dictionnaire, le calendrier, Internet ou demandez à votre vétérinaire une liste de prénoms.

VOIR > ORDRE P. 256,
RITUEL P. 162, 336

NOURRITURE

VOIR > ALIMENTATION P. 18, 198,
ALLAITEMENT ARTIFICIEL P. 200,
DEMANDE DE NOURRITURE P. 220,
DISTRIBUTION DE NOURRITURE P. 222,
PERSONNALITÉ P. 136

OISEAU Animal à plumes qui réveille mon instinct de prédateur.

• **LA SITUATION TYPE :** le maître installe une clochette au cou de son chat.
• **CE QUE PENSE LE CHAT :** *« Avec ça, finie la discrétion ! »*

L'avis du vétérinaire

Contrairement à la chasse aux rongeurs, la chasse aux oiseaux est rarement appréciée de l'homme. En effet, l'oiseau, par son chant et ses couleurs, est synonyme de gaieté, alors que les rongeurs sont, depuis toujours, considérés comme nuisibles. Rassurez-vous : les oiseaux sont difficiles à attraper et le chat revient souvent bredouille. Et même quand l'oiseau est attrapé, il n'est pas rare qu'il échappe à son bourreau. Les victimes sont souvent des oiseaux affaiblis, malades ou trop imprudents. Si, malgré tout, vous ne supportez pas que votre chat décime les oiseaux du jardin, installez une petite clochette à son collier. Prévenus de sa présence, les oiseaux n'auront presque plus rien à craindre, et votre chat, après moult échecs, se concentrera sur des proies à quatre pattes plus faciles à attraper. Choisissez une clochette très sensible, car les chats les plus habiles réussissent à traquer leur proie sans faire tinter la cloche. En hiver, ne nourrissez jamais les oiseaux au sol, et si vous installez des nichoirs et des mangeoires dans votre jardin, placez-les hors d'atteinte de votre chat. Il est inutile de lui faciliter la tâche !

VOIR > CHASSE P. 40, 212, 310, SOURIS P. 277, 340

Gentil
Méchant
Ce n'est pas un peu manichéen tout ça ?

ORDRE **Mots prononcés et gestes effectués par mon maître pour m'indiquer comment agir.**

- **LA SITUATION TYPE :** le maître s'énerve en donnant un ordre à son chat.
- **CE QUE PENSE LE CHAT :** « *Sur ce ton, je préfère m'éloigner !* »

L'avis du vétérinaire

Rares sont les maîtres qui enseignent des ordres à leur chat. Et pourtant, le chat est aussi capable que le chien d'apprendre des ordres, les chats de cirque en sont la preuve vivante. À condition, bien sûr, d'y mettre l'art et la manière.

> Donnez-lui envie de vous obéir.

Il n'existe pas, comme chez le chien, de lien de subordination entre le maître (dominant) et le chat (dominé). Le chat obéit à son maître non pas parce qu'il le considère comme le chef mais uniquement par intérêt. Tout l'art de l'éducateur consiste à le motiver par des récompenses pour qu'il exécute l'ordre. Pour cela, faites vos cours dans un lieu calme, rien ne doit le perturber, et juste avant le repas. Les friandises seront d'autant plus appréciées.

> Soyez compréhensible. Les mots n'ont pas de signification intrinsèque pour le chat, ils sont de simples signaux sonores. Pour qu'un mot prenne une signification, il faut que le chat l'associe à une situation : par exemple, dites « assis » au moment où le chat s'assoit. Utilisez des mots simples, qui sonnent bien, et ne faites pas de longues phrases. Prononcez en premier le nom de votre chat, afin de capter son attention, puis énoncez l'ordre : « Catou, assis. » Associez le geste à la parole. Les gestes évitent de s'égosiller quand le chat est loin ou lorsque

du bruit couvre votre voix. Ils permettent également de continuer à communiquer lorsque le chat vieillissant entend moins bien.

> *Soyez constant*. Une fois que vous aurez défini l'expression verbale et gestuelle d'un ordre, ne la changez plus.

> *N'exigez pas trop*. Une séance d'éducation ne doit pas durer plus de 10 minutes, même si vous n'obtenez rien. Au-delà, le chat perd sa concentration et vous risquez de vous énerver, ce qui aurait pour conséquence de détériorer vos relations.

> *Soyez patient et confiant*. Le chat est plus têtu que le chien. Même le plus intelligent a besoin d'au moins une dizaine de séances pour bien assimiler un ordre.

VOIR > **DISTRIBUTION DE NOURRITURE** P. 222, **HIÉRARCHIE** P. 320, **NOM** P. 252, **RÉCOMPENSE** P. 274, **RITUEL** P. 162, 336

PENSION Endroit où me dépose mon maître pendant son absence.

• **LA SITUATION TYPE :** le maître, après s'être assuré de la qualité de la pension, y dépose son chat.
• **CE QUE PENSE LE CHAT :** *« Il va falloir que je m'habitue à ce nouveau décor et à ces nouvelles têtes. »*

L'avis du vétérinaire

Rester chez soi enfermé, sans aucune activité, est parfois plus déprimant pour un chat que d'aller en pension. L'idéal est d'en choisir une bonne et d'y rester fidèle, ce qui limitera son stress et le vôtre à chaque fois que vous le déposerez. Pour que votre chat s'y plaise, la pension doit être :
> Réservée exclusivement aux chats.
> Orientée au sud avec une large ouverture sur l'extérieur pour faire rentrer la lumière.
> Propre, insonorisée et chauffée.
> Équipée de grandes cages individuelles avec des aires de repos, d'élimination et d'alimentation bien distinctes.
> Avec une aire de jeux intérieure et/ou extérieure, où les chats peuvent s'ébattre seuls ou à plusieurs en fonction de leurs affinités.

VOIR > **ALIMENTATION** P. 18, 198, **COHABITATION** P. 215, 314, **DÉMÉNAGEMENT** P. 52, **HOSPITALISATION** P. 236, **LITIÈRE** P. 98, **MARQUAGE FACIAL** P. 110, **ODEUR CORPORELLE** P. 324, **STRESS** P. 280, **TERRITOIRE** P. 176, **VACANCES** P. 184

PÉRIODE DE SOCIALISATION **Période courte de ma jeunesse pendant laquelle je fais plein d'apprentissages.**

• **LA SITUATION TYPE :** le maître manipule doucement son chaton et lui fait des caresses.
• **CE QUE PENSE LE CHATON :** « *Cet individu est un ami.* »

L'avis du vétérinaire

La période de socialisation débute vers la 2e semaine et s'achève entre la 7e et 9e semaine. Durant cette période, le chaton fait de très nombreux apprentissages : il s'habitue à son environnement, il apprend son identité, les rituels félins indispensables pour communiquer avec ses congénères, à reconnaître les espèces amis (humain, chien, lapin…), à contrôler sa morsure et sa motricité. Il prend son autonomie. Tous ces apprentissages sont possibles grâce au développement de ses capacités sensorielles et motrices, à la présence de l'être d'attachement (la mère ou la personne d'attachement), aux nombreuses interactions du chaton avec ses congénères et à la richesse de son milieu environnant. Durant cette phase sensible, toutes les expériences et tous les apprentissages du chaton sont mémorisés avec facilité et sur le long terme. Au-delà, les mêmes apprentissages sont plus difficiles et imparfaits.

VOIR > **ATTACHEMENT** P. 306, **AUTOCONTRÔLE** P. 204, **CARESSE** P. 210, **COHABITATION** P. 215, 314, **DÉTACHEMENT** P. 224, 316, **ENVIRONNEMENT** P. 63, **GRIFFE (COUP DE)** P. 78, **IMPRÉGNATION** P. 238, **MORSURE** P. 250, **PEUR** P. 262, **RITUEL** P. 162, 336

Moi, je préfère l'école de la vie.
Ouaip !
ÉCOLE

PEUR Sentiment de forte inquiétude ressentie face à différents stimuli (lieu, objet, personne, animal, bruit, lumière...), perçus comme dangereux.

- **LA SITUATION TYPE :** le chat des rues s'enfuit à la vue d'une dame âgée qui lui apporte gentiment à manger.
- **CE QUE PENSE LE CHAT :** « *Toi, tu ne m'inspires pas confiance.* »

L'avis du vétérinaire

Un chat n'a pas besoin d'avoir été battu par l'homme pour avoir une réaction de peur à son encontre. Il suffit qu'il n'ait jamais eu aucune relation avec un humain jusqu'à l'âge de 9 semaines. Il considère alors l'espèce humaine comme non fréquentable. Face à une dame âgée, même si celle-ci ne lui veut que du bien, sa première réaction sera la fuite, l'agression ou l'immobilité. Avec du temps, de bons petits plats et beaucoup de patience, un chat des rues peut toutefois s'habituer à la personne qui le nourrit, voire se laisser caresser. Mais cette amitié est sélective, le chat restant méfiant à l'égard des autres personnes. Pour qu'un chat apprécie la compagnie humaine, il doit apprendre dans les premières semaines de sa vie que l'homme est une espèce amie. Cela nécessite des contacts et des manipulations répétés, avec un panel représentatif de l'espèce humaine, car l'amitié à l'homme n'est pas généralisable.

VOIR > **AGRESSION** P. 12, 298, **ENVIRONNEMENT** P. 63, **PÉRIODE DE SOCIALISATION** P. 260, **PHOBIE** P. 140

Tous
des monstres.

PIÈCE D'ÉVEIL Endroit stimulant où les chatons apprennent plein de choses.

• **LA SITUATION TYPE :** des enfants s'amusent gentiment avec des chatons dans une salle de jeux sonorisée et pleine de jouets pour chatons.
• **CE QUE PENSE LE CHATON :** « *Quoi de neuf aujourd'hui ?* »

L'avis du vétérinaire

À partir de la 2e semaine, les chatons deviennent sensibles aux stimulations de leur environnement et particulièrement curieux. C'est le moment de les soumettre progressivement à des stimuli qui feront partie de leur futur univers sensoriel et relationnel. La meilleure façon de les éveiller est de mettre à leur disposition une salle de jeux contenant des jouets de couleurs et de matières différentes, des arbres à chat, des perchoirs, des boîtes surprise, le tout baignant dans un univers lumineux et sonore diversifié (radio, musique, télévision…). Il faut également favoriser leur socialisation en leur présentant, dans un contexte positif, les animaux et les personnes avec lesquels ils partageront leur vie. Si, par exemple, le chaton est destiné à une famille avec des enfants, il est recommandé qu'il soit manipulé avec douceur plusieurs minutes par jour par eux. En effet, plus il aura été manipulé, plus il fera un agréable compagnon.

VOIR > CARESSE P. 210, **ENVIRONNEMENT** P. 63, **JOUET** P. 92, **PÉRIODE DE SOCIALISATION** P. 260, **PHOBIE** P. 140, **SOURIS** P. 277

Super !
un vieux
carton !

PINCE À LINGE Petit instrument formé de deux branches maintenues fermées par un ressort, servant à immobiliser le chat.

• **LA SITUATION TYPE :** le vétérinaire place une pince à linge au niveau de l'encolure du chaton.

• **CE QUE PENSE LE CHATON :** « *C'est bizarre, je me sens tout mou...* »

L'avis du vétérinaire

La technique de la pince à linge, scientifiquement appelée « clipnose », consiste à pincer la peau du chat à la base du cou en regard de la colonne vertébrale à l'aide d'une ou plusieurs pinces à linge (ou à papier). Chez les chatons âgés de 8 à 16 semaines, cette pratique entraîne une immobilité de 2 à 3 minutes. Elle serait due à la sécrétion d'endorphines qui provoqueraient également une somnolence et une diminution de la douleur. Ce réflexe naturel est utilisé par la chatte lorsqu'elle transporte ses petits par la peau du cou. Chez l'adulte, un pincement de cette zone, ainsi que l'appui modéré de l'avant-bras sur la colonne vertébrale, assure au vétérinaire une certaine tranquillité pour examiner son patient. Cette tolérance a des limites dans le temps et varie en fonction des manipulations et du tempérament du chat. Elle est utile pour nettoyer les oreilles, examiner la cavité buccale, faire une injection sous-cutanée ou donner un comprimé.

VOIR > MÉDICAMENT P. 244,
TRANSPORT DES CHATONS P. 344

PIPETTE ANTIPARASITAIRE **Médicament sous forme liquide apprécié des propriétaires de chats allergiques aux comprimés.**

• **LA SITUATION TYPE :** le maître dépose une pipette antiparasitaire sur la peau entre les deux omoplates du chat.
• **CE QUE PENSE LE CHATON :** « *C'est quoi ce liquide bizarre qui coule sur ma peau ? Et en plus, je ne peux pas m'en débarrasser !* »

L'avis du vétérinaire

Le chat n'aime pas prendre des médicaments. Tous ceux qui partagent sa vie le savent et les fabricants de médicaments aussi. Ainsi, depuis plusieurs années, ces derniers mettent sur le marché des médicaments antiparasitaires (digestifs et externes) en pipette à appliquer sur la peau. Pour être efficaces, ils doivent être placés au contact de la peau et à un endroit où le chat ne peut pas faire sa toilette. Cet endroit se situe entre les deux omoplates. C'est donc là, et seulement là, que tous les médicaments en pipette doivent être déposés. Pour une meilleure efficacité, la plupart des fabricants recommandent de ne pas laver le chat dans les 48 heures qui suivent l'application. Il est également conseillé, pour éviter tout passage du médicament aux humains, de traiter le chat en début de soirée et de faire lit à part le soir de l'application.

VOIR > MÉDICAMENT P. 244

PUNITION Événement désagréable qui se produit à chaque fois que je fais une bêtise.

• **LA SITUATION TYPE :** le maître caché arrose à distance le chat qui monte sur la table de la cuisine.
• **CE QUE PENSE LE CHAT :** « *La table de la cuisine n'est vraiment pas un lieu agréable !* »

L'avis du vétérinaire

Contrairement à la récompense, la punition n'enseigne rien. Elle permet seulement de réduire la probabilité d'apparition d'un comportement jugé mauvais. Dans la mesure du possible, après avoir puni votre chat, montrez-lui ce que vous attendez de lui : s'il joue avec les fils du téléphone, punissez-le, puis faites-le jouer avec un bouchon au bout d'une ficelle. Plus le comportement sera motivant, comme ouvrir la porte du placard pour aller déguster les croquettes ou chasser les oiseaux, plus il sera difficile à faire disparaître. Pour être efficace la punition doit être :
> Appliquée immédiatement après le début de l'acte répréhensible.
> Désagréable et surprenante, tout en respectant l'intégrité physique du chat. Il en existe un grand nombre : jet de boîtes, jet d'eau ou d'air comprimé, « non » prononcé d'une voix forte, papier collant ou d'aluminium froissé placés aux endroits à protéger, petite tape sur le nez…
> Pratiquée sans agressivité ni violence.
> Systématique. N'interdisez pas aujourd'hui un comportement que vous tolérerez demain.

Si possible, il faut éviter que le chat fasse l'association entre la punition et son maître, car il risque alors de craindre ce dernier sans pour autant modifier son comportement. Pour cela, préférez les punitions à distance (jet d'eau, d'air comprimé) afin que le chat ne puisse relier la punition qu'à son propre comportement.

VOIR > FEULEMENT ET CRACHEMENT P. 230,
RÉCOMPENSE P. 274

RAPPEL Signal sonore qui m'indique que je dois cesser toute activité pour revenir vers mon maître.

- **LA SITUATION TYPE :** le maître appelle son chat en remuant la boîte de croquettes.
- **CE QUE PENSE LE CHAT :** « *J'arrive, prépare ma récompense !* »

L'avis du vétérinaire

Le rappel est le premier ordre et le plus facile à enseigner. Il permet de retrouver rapidement votre chat. Il est indispensable si vous lui laissez libre-accès à l'extérieur. Il peut être enseigné dès l'âge de 8 semaines. Lorsque vous êtes en train de préparer la gamelle de votre chat, dites : « Catou, viens. » Pour vous aider à rappeler votre chat à distance, vous pouvez associer l'appel

à un sifflement ou tout autre bruit. Alléché par l'odeur de son repas, votre chat viendra rapidement. Quel que soit le temps qu'il mette pour venir, une fois à vos pieds, caressez-le, félicitez-le et donnez-lui son repas : ce sera pour lui la meilleure récompense. Dans un second temps, utilisez cet ordre pour le faire venir en d'autres occasions et récompensez-le avec une caresse, une friandise ou son jouet préféré. Une fois qu'il aura bien assimilé l'ordre, distribuez-lui sa récompense de façon intermittente afin de maintenir sa motivation.

VOIR > **CARESSE** P. 210, **DISTRIBUTION DE NOURRITURE** P. 222, **JOUET** P. 92, **NOM** P. 252, **OBÉSITÉ** P. 120, **ORDRE** P. 256, **RÉCOMPENSE** P. 274

RÉCOMPENSE **Friandises, jouets, caresses ou paroles douces obtenus lorsque je me suis bien comporté.**

• **LA SITUATION TYPE :** le maître donne l'ordre à son chat de s'asseoir et lui distribue une crevette au moment où son derrière touche le sol.

• **CE QUE PENSE LE CHAT :** « *"Assis" + derrière sur le sol = friandise.* »

L'avis du vétérinaire

Contrairement à la punition qui n'apprend rien, la récompense permet au chat d'acquérir de nouveaux comportements. Pour être efficace, la récompense doit répondre à plusieurs critères :

> Elle doit sortir de l'ordinaire et apporter un réel plaisir à l'animal. Il peut s'agir d'une récompense alimentaire (crevette, jambon...), d'une attention particulière (caresse, félicitations...), d'un objet (jouet), d'une activité... Plusieurs récompenses peuvent être associées pour renforcer encore leur impact.

> Elle doit survenir à la fin du comportement désiré ou être distribuée partiellement aux différentes étapes de sa réalisation lorsqu'il s'agit d'un comportement complexe.

> Être systématique au début de l'apprentissage, puis devenir aléatoire afin de maintenir la motivation du chat.

VOIR > **ALIMENTATION** P. 18, 198, **CARESSE** P. 210, **JOUET** P. 92, **ORDRE** P. 256, **PUNITION** P. 270, **RAPPEL** P. 272

Et qu'est-ce qu'il faut que je fasse pour ça ?
Je tends la papatte ?
Je fais le beau ?
J'aboie ?

SEVRAGE **Période durant laquelle je m'habitue progressivement à ne plus téter et à manger des aliments solides.**

• **LA SITUATION TYPE :** le maître verse dans une grande gamelle de la bouillie pour ses chatons qui ont 3 semaines.

• **CE QUE PENSE LE CHATON :** « *Puisque maman nous repousse, allons goûter ce nouvel aliment.* »

L'avis du vétérinaire

Pendant les 3 premières semaines de leur vie, les chatons se nourrissent exclusivement du lait maternel. Vers la fin de la 3e semaine, la chatte quitte de plus en plus souvent son nid et sa production de lait plafonne. C'est à ce moment que vous devez commencer à présenter aux chatons une bouillie de sevrage en plus de l'allaitement maternel. À 5 semaines, l'éruption des dents de lait rend les tétées douloureuses. La mère commence à repousser ses chatons, qui doivent de plus en plus se contenter de leur bouillie. Le sevrage est terminé lorsque les chatons se passent complètement de lait. Il s'achève aux environs de la 8e semaine. Si vous ne disposez pas de bouillie de sevrage, utilisez des croquettes pour chatons en croissance que vous réhydraterez avec du lait maternisé ou de l'eau. Diminuez progressivement la réhydratation des croquettes afin que les chatons soient capables, en fin de sevrage, de les manger sèches.

VOIR > **ALLAITEMENT ARTIFICIEL** P. 200, **DÉTACHEMENT** P. 224, 316, **GAMELLE** P. 74, **LAIT** P. 240, **MAMELLES** P. 322

SOURIS (JOUET) Objet qui ressemble à une souris et qui, lorsqu'il est en mouvement, réveille en moi mes instincts de chasseur.

• **LA SITUATION TYPE :** le maître agite devant les yeux de son chat une souris en peluche.
• **CE QUE PENSE LE CHAT :** « *Attends un peu que je t'attrape !* »

L'avis du vétérinaire

Le chat est un chasseur né, n'en déplaise à certaines âmes sensibles, choquées de le voir s'amuser avec une proie vivante avant de lui donner le coup de grâce. Chez un chat libre, la chasse constitue la principale activité physique. C'est dire la frustration ressentie par un chat d'appartement, privé de proies ou de substituts de proie. Pour satisfaire son instinct, il est donc indispensable soit de lui donner accès à l'extérieur où il pourra trouver des proies à chasser, soit de lui fournir à demeure un terrain de chasse (fausse souris, balle de ping-pong, boule de papier, rubans…). Il existe des petites souris télécommandées qui miment parfaitement les vraies souris et font la joie du maître et de son chat. En permettant ainsi à votre chat de décharger son énergie prédatrice, vous éviterez qu'il ne se mette brutalement à attaquer vos chevilles lorsque vous rentrerez du travail.

VOIR > **APPARTEMENT** P. 30, **CHASSE** P. 40, 212, 310, **CHATIÈRE** P. 44, **JOUET** P. 92, **OISEAU** P. 254, **SOURIS** P. 340, **SYNDROME DU TIGRE** P. 174

STÉRILISATION FEMELLE (OU OVARIECTOMIE) Opération chirurgicale destinée à m'empêcher d'être maman.

• **LA SITUATION TYPE :** le maître fait stériliser sa chatte pour éviter qu'elle se fasse saillir par les chats du quartier.
• **CE QUE PENSE LA CHATTE :** « *Les matous ne me regardent plus comme avant !* »

L'avis du vétérinaire

L'ovariectomie est l'ablation des ovaires. Cette opération très courante s'effectue à partir de 6 mois. Selon la technique employée, il s'agit de pratiquer une incision sur chaque flanc ou une seule sur l'abdomen. Cette intervention supprime, outre la fécondité, les chaleurs, le risque d'infection de l'utérus et le marquage urinaire sexuel mais pas réactionnel. Pratiquée chez la jeune chatte (6 mois), elle divise par 7 le risque de tumeur mammaire. Elle réduit aussi les fugues, les bagarres et le danger de contracter des maladies virales graves. Elle a pour principal inconvénient une augmentation de l'appétit associée à une diminution des besoins en énergie, ce qui provoque l'obésité. Pour que votre chatte ovariectomisée garde la forme et sa « ligne de jeune fille », choisissez-lui une alimentation spéciale pour chatte stérilisée (en vente chez les vétérinaires) et pesez-la régulièrement afin d'ajuster au mieux sa ration alimentaire.

VOIR > **CHALEURS** P. 308, **MARQUAGE URINAIRE RÉACTIONNEL ET SEXUEL** P. 112 ET 113, 323, **OBÉSITÉ** P. 120

STÉRILISATION MÂLE (OU CASTRATION) Opération chirurgicale destinée à m'empêcher d'être papa.

• **LA SITUATION TYPE :** le maître ne supportant plus l'odeur des urines de son chat le fait castrer.
• **CE QUE PENSE LE CHAT :** *« Je n'ai plus envie d'aller courir les filles. »*

L'avis du vétérinaire

La castration consiste en l'ablation chirurgicale des testicules du mâle. Elle se réalise généralement vers l'âge de 6-7 mois. Elle a pour conséquence la diminution du taux d'hormones sexuelles circulantes. Elle supprime l'odeur forte des urines, l'instinct sexuel, le marquage urinaire sexuel mais pas réactionnel, réduit les fugues, les bagarres et le risque de contracter des maladies virales graves. Elle a pour principal inconvénient une augmentation de l'appétit associée à une diminution des besoins en énergie. Un chat stérilisé, sans activité physique et nourri à volonté avec un aliment appétent, peut prendre jusqu'à 40 % de poids en plus en 4 mois et demi. La castration augmente également le risque de calculs urinaires. Pour que votre chat castré garde la forme et sa « ligne de jeune homme », choisissez-lui une alimentation spéciale pour chat stérilisé (en vente chez les vétérinaires) et pesez-le régulièrement afin d'ajuster au mieux sa ration alimentaire.

VOIR > **MARQUAGE URINAIRE RÉACTIONNEL ET SEXUEL** P. 112 ET 113, 323, **OBÉSITÉ** P. 120, **ODEUR DES URINES** P. 122, **PHÉROMONES** P. 328

STRESS **Réaction d'adaptation de mon organisme déclenchée par des modifications de mon environnement.**

• **LA SITUATION TYPE :** le maître invite chez lui des amis avec leurs chiens et leurs chats.
• **CE QUE PENSE LE CHAT :** « *C'est quoi tous ces envahisseurs !* »

L'avis du vétérinaire

Le chat est un être très sensible. Un rien suffit à le déstabiliser : changement de meuble, déménagement, cohabitation non désirée, odeur nouvelle, agression par un autre chat, manque d'activité, litière souillée, visite chez le vétérinaire… La réponse de l'organisme du chat, c'est-à-dire le stress face à ces différentes situations de la vie courante, varie selon son tempérament, la nature de l'événement et sa durée. Certains réussissent à surmonter la situation et à retrouver leur équilibre. D'autres présentent des réactions anxieuses qui se traduisent par des troubles organiques et/ou comportementaux. Le stress fait partie de la vie. Vous ne pouvez donc pas l'éliminer complètement de celle de votre chat. En revanche, vous pouvez faire en sorte de limiter le plus possible son incidence en lui offrant des conditions de vie stables, qui respectent au mieux son tempérament de félin.

VOIR > **ALOPÉCIE** P. 20, **ANXIÉTÉ** P. 26, **APPARTEMENT** P. 30, **BOULIMIE** P. 36, **COHABITATION** P. 215, 314, **DÉMÉNAGEMENT** P. 52, **DÉPRESSION CHRONIQUE** P. 56, **LITIÈRE** P. 98, **OBÉSITÉ** P. 120, **ONYCHOPHAGIE** P. 126, **VÉTÉRINAIRE** P. 186

SURPRISE PARTY **Fête impromptue et bruyante organisée pour l'agrément d'un humain et le désagrément du chat.**

• **LA SITUATION TYPE :** le maître organise pour son anniversaire une soirée chez lui avec des amis.

• **CE QUE PENSE LE CHAT :** *« On ne s'entend plus ici, je m'en vais voir ailleurs. »*

L'avis du vétérinaire

La plupart des chats n'aiment pas voir leur territoire envahi par une foule d'inconnus, surtout si cette invasion s'accompagne d'une sonorisation inhabituelle (pétards, musique forte). Dans ce cas, plusieurs solutions s'offrent à lui : aller se réfugier dans la pièce la plus calme de l'habitation ou faire un tour dehors en attendant que le calme soit revenu. Plus il aura été habitué au bruit dans sa jeunesse, plus son seuil d'alerte sera haut et mieux il supportera l'excès de bruit. Pour son confort, limitez le volume sonore et surtout ne le forcez pas à rester dans la pièce où se déroule la fête. Si votre chat a déjà la phobie de certains bruits (pétards, voiture…), ne prenez pas de risque, isolez-le dans une pièce de la maison ou faites-le dormir ailleurs. Si ce n'est pas possible, réduisez son stress en demandant à votre vétérinaire, quelques jours avant la fête, un traitement antistress préventif à base d'extraits de plantes ou de protéines de lait.

VOIR > **ENVIRONNEMENT** P. 63, **PHOBIE** P. 140

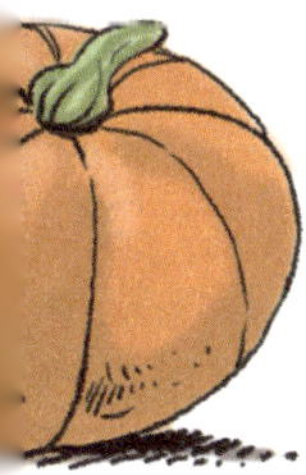

TEIGNE Affection de la peau causée par un champignon microscopique qui me fait perdre mes poils.

• **LA SITUATION TYPE :** le maître interdit à son chaton, suspecté de teigne, de venir sur son lit.
• **CE QUE PENSE LE CHATON :** « *Pourquoi tant de distance ?* »

L'avis du vétérinaire

La teigne est une affection de la peau due au développement dans les follicules pileux de champignons parasites. Elle touche principalement les chatons trouvés dans la rue et les chats à poils longs. La contamination se fait à partir du milieu extérieur ou par contact direct avec un animal teigneux. Les lésions typiques se présentent sous forme de lésions rondes, sans poil, légèrement rouges, recouvertes de pellicules. Elles se situent généralement sur les oreilles, le nez, la figure ou l'extrémité des membres. Le traitement médical est toujours long (6-8 semaines). Il est à la fois local et général. La teigne est facilement transmissible à l'homme, en particulier aux femmes et aux enfants. La transmission s'effectue par contact direct avec le chat teigneux, mais aussi indirectement à partir de poils teigneux présents dans l'environnement. Chez l'homme, la teigne se traduit par des plaques rondes, sèches, rosées et cernées d'une auréole rouge. Ces lésions sont couramment appelées « roues de sainte Catherine ».

VOIR > CHAT DES RUES P. 312, VÉTÉRINAIRE P. 186

C'est plus décoratif que la teigne!

TEST DE RÉACTIVITÉ Test que me fait subir mon maître pour voir si j'ai bien été éduqué par ma mère.

• **LA SITUATION TYPE :** le maître suspend son chaton par la peau du cou. Celui-ci se laisse faire sans rien dire.
• **CE QUE PENSE LE CHATON :** « *Je connais bien cette prise. Ça me rappelle ma maman.* »

L'avis du vétérinaire

Lorsque la mère transporte son chaton, elle le saisit dans sa gueule par la peau du cou. En réponse, le chaton se recroqueville en position fœtale sans bouger. Lorsque vous saisissez le chaton par la nuque, vous imitez sa mère. En fonction de son éducation, deux réactions sont possibles :
> Il se laisse transporter sans broncher, la tête sur le côté, les yeux à demi fermés, les pattes repliées et la queue recourbée entre les pattes. Ce chaton, qui a reçu une bonne éducation de sa mère et sait se contrôler, est un bon candidat à l'adoption.
> Toutes griffes dehors, il miaule, feule et se débat pour échapper à la contrainte. Sa mère était débordée ou n'a pas pu terminer son éducation. Ce chaton ne se contrôle pas bien. C'est un mauvais candidat à l'adoption, à moins que vous sachiez remettre cet apprenti délinquant dans le droit chemin.

VOIR > AUTOCONTRÔLE P. 204, FEULEMENT ET CRACHEMENT P. 230, GRIFFE (COUP DE) P. 78, MIAULEMENT P. 114, MORSURE P. 250, TEST DE SOCIABILITÉ P. 288, TRANSPORT DES CHATONS P. 344

Vous avez fait votre choix ?

TEST DE SOCIABILITÉ Test que me fait subir mon maître pour voir si je le considère comme un ami.

• **LA SITUATION TYPE :** le maître s'approche du chaton qui se laisse caresser, se frotte sur lui et ronronne de plaisir.
• **CE QUE PENSE LE CHATON :** « *Toi, tu es mon ami.* »

L'avis du vétérinaire

L'amitié du chat envers l'homme n'est pas innée. C'est un apprentissage qui se fait au cours de la période de socialisation. Pour savoir si le chaton que vous voulez adopter vous considère déjà comme un ami, approchez-vous de lui et agenouillez-vous pour le caresser. Plusieurs réactions sont possibles :
> Il s'enfuit en courant se réfugier sous la commode. Cela signifie : « Toi, tu ne m'inspires pas confiance. Il va falloir être patient pour m'apprivoiser. »
> Il ronronne, vient se frotter la tête contre vos mains pour déposer ses phéromones et accepte avec plaisir vos caresses. Il veut vous dire : « Toi, tu fais partie de mes amis. La preuve, je t'ai marqué pour mieux te reconnaître. » Ce chaton vous apprécie déjà : vous n'aurez aucun mal à en faire un chat câlin.

VOIR > **CARESSE** P. 210, **MARQUAGE FACIAL** P. 110, **PÉRIODE DE SOCIALISATION** P. 260, **RONRONNEMENT** P. 164, **TEST DE RÉACTIVITÉ** P. 286

AVOIR UN BON COPAIN

THERMOMÈTRE **Engin long et pointu utile pour apprécier l'état de santé du chat.**

• **LA SITUATION TYPE :** le maître prend la température de son chat qu'il trouve apathique.
• **CE QUE PENSE LE CHATON :** *« Mais pour qui il se prend, celui-là ! »*

L'avis du vétérinaire

La température corporelle est un bon indicateur de l'état de santé du chat. Pourtant, de peur de faire mal à leur chat, beaucoup hésitent à utiliser un thermomètre.
Chez un chat en bonne santé, la température corporelle est comprise entre 37,5 et 39 °C. Une augmentation survient en réaction à une infection parasitaire, virale ou bactérienne et à certains cancers. Elle peut aussi être provoquée par l'incapacité du chat à évacuer la chaleur. La baisse de sa température corporelle peut résulter d'une exposition prolongée à une ambiance froide ou être la conséquence d'un traumatisme, d'une intoxication ou d'une maladie. Comment lui prendre sa température avec douceur ? Utilisez un thermomètre digital pour enfant à bout

fin. Lubrifiez son extrémité avec de la vaseline, placez votre chat sur la table, soulevez-lui la queue pour bien voir son anus, écartez les poils puis enfoncez doucement le thermomètre d'environ 2 cm. Laissez-le en place 1 à 2 minutes ou jusqu'à ce qu'il sonne. Retirez-le délicatement et lisez la température indiquée. Si votre chat est un peu récalcitrant, pincez-lui la peau à la base du cou ou utilisez la technique de la pince à linge pour l'immobiliser.

VOIR > PINCE À LINGE P. 266

TOILETTAGE Entretien de mon pelage que j'effectue avec l'aide de mon maître lorsque j'ai le poil long.

• **LA SITUATION TYPE :** le maître coupe les nœuds de son chat persan avec des ciseaux.
• **CE QUE PENSE LE CHAT :** « *Un peu d'aide, c'est agréable…* »

L'avis du vétérinaire

Le chat à poils longs est incapable d'entretenir seul sa fourrure abondante. En l'absence d'aide extérieure, ses poils s'emmêlent et forment des nœuds inextricables. La tonte est alors bien souvent la seule solution. Pour éviter cela, il est indispensable de le peigner et brosser tous les jours, surtout en période de mue. Utilisez un peigne à dents larges pour commencer le démêlage et un autre à dents fines pour la finition. Veillez à ce que les dents du peigne soient arrondies à leur extrémité pour ne pas blesser la peau. Certains ont même des dents rotatives pour faciliter le coiffage. Pour le brossage, préférez une brosse en poils naturels plutôt que synthétiques qui créent beaucoup d'électricité statique. Si, malgré vos soins, des nœuds se forment, coupez-les à l'aide de ciseaux à bouts ronds, en faisant très attention de ne pas couper la peau.

VOIR > BOULE DE POILS P. 35, MUE P. 118,
TOILETTAGE P. 180

Quoi ?
Persan ou pas,
j'veux pas l'savoir !

CHAT CHAT

ACCOUPLEMENT Rapport sexuel entre un mâle et une femelle de notre espèce.

• **LA SITUATION TYPE :** la chatte, le postérieur en l'air, la queue sur le côté, se laisse saillir par le mâle.
• **CE QUE PENSE LA CHATTE :** « *Je suis prête !* »

L'avis du vétérinaire

Une fois son mâle choisi, la femelle, prête pour l'accouplement, s'aplatit à l'avant, relève son postérieur, piétine des pattes postérieures et place sa queue sur le côté. Le mâle l'agrippe, en lui saisissant la nuque, sans la mordre réellement, pour

l'immobiliser, la chevauche puis la pénètre. Le pénis, garni de multiples papilles cornées, rend la pénétration douloureuse. Les chats ne restent accouplés que quelques dizaines de secondes. Lorsque le mâle se retire, la femelle pousse un cri, se retourne et peut griffer son partenaire. Ce dernier s'éloigne et se lèche le pénis, tandis que la femelle se roule sur le sol, se toilette et se nettoie la vulve. Pas fidèle pour deux sous, la femelle accepte, sans sourciller, d'être saillie jusqu'à 20 fois par jour par des mâles différents. Cette infidélité se traduit parfois par la présence, dans une même portée, de chatons issus de plusieurs pères. Ne soyez donc pas surpris, si votre chatte est vagabonde, de voir dans sa portée des chatons d'allures fort différentes.

VOIR > **CHALEURS** P. 308, **GRIFFE** (COUP DE) P. 78, **STÉRILISATION FEMELLE** P. 278

AGRESSION Comportement d'attaque ou de défense face à un autre chat.

Les motifs d'agression entre chats sont nombreux (compétition, distancement, défense du territoire...). Plus la densité de chats est importante (en milieu urbain, surpopulation en milieu clos), plus les rencontres sont fréquentes et les agressions nombreuses. Le défaut de socialisation, le stress et l'anxiété favorisent également les agressions.

◆ ***Agression compétitive*** **Agression destinée à s'accaparer un bien ou un privilège (aliment, femelle, jouet, lieu de repos...), également convoité par un congénère.**

• **LA SITUATION TYPE :** le chat s'approche et crache sur un autre chat pour lui dérober son jouet.

• **CE QUE PENSE LE CHAT :** *« Si tu ne me donnes pas ton jouet, tu vas goûter à mes griffes ! »*

L'avis du vétérinaire

L'agression se déroule classiquement en trois temps : la menace annonciatrice de l'attaque, l'attaque par morsure et/ou coup de patte, l'arrêt des hostilités après la fuite ou l'immobilisation d'un des protagonistes. Elle permet, dans un groupe de chats, l'établissement d'une hiérarchie relative entre individus, celle-ci pouvant varier en fonction des lieux et des circonstances. Si le chat agresseur parvient chaque fois à ses fins, son comportement agressif se renforcera. Il préviendra de moins en moins avant

À
tes ordres,
oh, Grand
Bagarreur !

d'attaquer, jusqu'à ne plus menacer du tout. Ses agressions deviendront de plus en plus fréquentes, violentes et imprévisibles. On parle alors d'« agression instrumentalisée ».

VOIR > AGRESSION P. 12, GRIFFE (COUP DE) P. 78, HIÉRARCHIE P. 320, MORSURE P. 250, TERRITOIRE P. 176

◆ ***Agression de distancement*** **Agression permettant à un chat de maintenir un de ses congénères jugé peu fréquentable au-delà de sa distance de sécurité.**

- **LA SITUATION TYPE :** le chat, le poil hérissé, crache en avançant lentement, les yeux fixés sur un chat inconnu.
- **CE QUE PENSE LE CHAT :** *« Si tu avances encore, tu vas voir de quoi je suis capable ! »*

L'avis du vétérinaire

L'agression est due à l'intrusion d'un individu considéré comme inamical dans la distance de sécurité du chat. Son but est de maintenir ou de faire reculer l'intrus au-delà de celle-ci. Pour repousser son adversaire, le chat arrondit le dos et hérisse son poil pour paraître plus impressionnant. Il crache, toutes dents dehors, et avance lentement, les yeux rivés sur son congénère. L'attaque se résume à un jeté de patte dans le vide et, si le message n'est pas compris, à un corps-à-corps.

VOIR > AGRESSION P. 12, DISTANCE CRITIQUE ET DISTANCE DE FUITE P. 58, PÉRIODE DE SOCIALISATION P. 260

◆ ***Agression territoriale*** **Agression liée à l'intrusion d'un chat sur des parties du territoire d'un autre chat.**

• **LA SITUATION TYPE :** le chat poursuit l'un de ses congénères qui s'aventure un peu trop près de l'endroit où il a l'habitude de se reposer.
• **CE QUE PENSE LE CHAT :** « *Va t'installer ailleurs ; ici, c'est chez moi !* »

L'avis du vétérinaire

Les agressions territoriales sont fréquentes en ville. Le territoire à se partager est petit et les déménagements fréquents. Lorsqu'un nouveau venu arrive, celui-ci ne connaît rien des us et coutumes du quartier, et les marques territoriales déposées par les chats ne sont pas toujours très nettes (elles s'effacent avec le temps). Les conflits sont alors inévitables entre anciens et nouveaux. Face à un nouveau venu s'aventurant sur son territoire, le chat résidant fait le gros dos, feule et crache en avançant dans sa direction. La plupart du temps, le nouveau prend la poudre d'escampette et tout rentre dans l'ordre. Il reviendra peut-être, mais à un horaire différent pour ne pas risquer de se retrouver nez à nez avec son congénère. C'est la solution intelligente que les chats ont trouvée pour faire face à la crise du logement en ville…

VOIR > ANXIÉTÉ DE DÉTERRITORIALISATION P. 27, COHABITATION P. 215, 314, FEULEMENT ET CRACHEMENT P. 230, GROS DOS P. 318, HIÉRARCHIE P. 320, TERRITOIRE P. 176

APAISEMENT **Attitude ritualisée pour tenter de prévenir l'attaque d'un adversaire.**

- **LA SITUATION TYPE :** le chat se fait tout petit, s'immobilise et détourne le regard face à son congénère agressif.
- **CE QUE PENSE LE CHAT :** « *Calme-toi.* »

L'avis du vétérinaire

C'est au cours des jeux avec sa mère et ses congénères que le chaton apprend les rituels de communication propres à son espèce. Ceux-ci facilitent les relations entre les individus, évitent les quiproquos et limitent les conflits. Face à un adversaire avançant vers lui, le poil hérissé, la queue gonflée, crachant toutes dents dehors, le chat agressé a plusieurs options : fuir, contre-attaquer ou tenter d'apaiser son adversaire et éviter ainsi la bagarre. Dans ce dernier cas, il va se faire tout petit, rentrer ses armes (griffes et crocs) et détourner le regard. Cette technique n'est, hélas, pas toujours couronnée de succès. En effet, contrairement au chien, le chat ne possède pas de rituel de soumission permettant de stopper l'attaque d'un adversaire. L'agressé doit donc toujours être prêt à riposter ou à prendre la fuite. Les chatons séparés précocement de leur mère présentent souvent des lacunes en matière de rituels. Une fois adultes, ils peuvent avoir du mal à communiquer avec leurs congénères, d'où le risque de conflit.

VOIR > **AGRESSION** P. 12, 298, **FEULEMENT ET CRACHEMENT** P. 230, **PÉRIODE DE SOCIALISATION** P. 260, **QUEUE** P. 150, **REGARD** P. 334, **RITUEL** P. 162, 336

Remember! No violence, just disobedience.

ARBRE Grande plante qui peut servir de griffoir, de perchoir, de lieu de repos ou d'asile.

• **LA SITUATION TYPE :** le chat se repose dans un arbre, tout en regardant le chien aboyer en bas.
• **CE QUE PENSE LE CHAT :** « *Cause toujours ; ici, je suis hors d'atteinte !* »

L'avis du vétérinaire

Les arbres du jardin sont à la fois de magnifiques terrains de jeu, des lieux d'observation, de repos et de refuge en cas de danger. Y monter ne pose en général aucun problème, le chat se servant de ses griffes comme de crampons pour s'agripper à l'écorce. En revanche, une fois en haut, le retour sur terre est parfois plus difficile… Peu de chats sont capables de descendre à reculons : soit ils sautent si la hauteur n'est pas trop élevée, soit ils descendent la tête la première avant de sauter en bas.
Si votre chaton s'est aventuré dans un arbre et miaule, patientez avant d'aller le secourir. Ne vous agitez surtout pas en bas : vous ne feriez que l'inciter à monter plus haut. Quand il en aura vraiment envie, il redescendra tout seul. Si, malgré tout, votre chaton persiste à rester perché, il vous faudra alors aller le chercher avec une échelle.

VOIR > GRIFFE P. 78, MIAULEMENT P. 114

Ça t'épate, hein? La technologie canine!

ATTACHEMENT **Lien primordial avec notre mère, qui nous permet de nous ouvrir au monde et de faire plein d'apprentissages.**

• **LA SITUATION TYPE :** le chaton est calmement endormi dans le giron de sa mère.
• **CE QUE PENSE LE CHATON :** *« C'est si bon et sécurisant d'avoir une maman à soi… »*

L'avis du vétérinaire

Dès la naissance, la mère s'attache à ses petits grâce aux phéromones d'adoption présentes sur leur peau. Elle les lèche pour les débarrasser des enveloppes fœtales, puis les accueille dans son giron. Immédiatement, ils se mettent à téter. Cette première tétée est capitale, car elle leur permet d'absorber le colostrum (lait maternel sécrété dans les premiers jours suivant la mise bas), riche en anticorps. Grâce à ce lait spécial, les chatons seront protégés pendant leurs premières semaines contre les

germes présents dans leur environnement. Durant la 1re semaine, l'attachement de la mère pour ses petits n'est pas réciproque. En cas de disparition de leur mère, les chatons orphelins sont capables de s'attacher à une autre mère allaitante. Cet attachement ne devient réciproque qu'à partir de la 2e semaine, grâce au développement de la vue et de l'ouïe des chatons. Ils sont alors capables de reconnaître leur mère parmi d'autres. Celle-ci devient l'unique individu pouvant les apaiser, et toute séparation prolongée les plonge dans une détresse considérable. Ce lien, si précieux, va leur permettre de découvrir leur identité, d'apprendre à communiquer avec leurs congénères et de partir à la découverte du monde.

VOIR > **APAISEMENT** P. 302, **DÉTACHEMENT** P. 224, 316, **ENVIRONNEMENT** P. 63, **IMPRÉGNATION** P. 238, **MAMELLES** P. 322, **OUÏE** P. 326, **RITUEL** P. 162, 336, **VUE** P. 192

CHALEURS Période durant laquelle les chattes sont aguicheuses et très courtisées.

• **LA SITUATION TYPE :** la chatte en chaleur miaule, se roule par terre et attire tous les mâles du quartier.
• **CE QUE PENSE LA CHATTE :** « *Venez à moi, gentils matous…* »

L'avis du vétérinaire

L'activité sexuelle de la chatte est liée à la longueur du jour. Pour la majorité des chattes, les chaleurs, interrompues par d'éventuelles gestations, se succèdent de février à septembre. La durée de la saison sexuelle varie également en fonction de la race. Ainsi, plus de la moitié des siamoises ont des chaleurs toute l'année, alors que les chattes de races persanes sont au repos une grande partie de l'année. Les chaleurs sont plus démonstratives chez les races à poils courts, et particulièrement chez les siamoises. Elles se décomposent en deux périodes :

> Période d'attraction des mâles (procestrus). Elle dure de 1 à 3 jours. La chatte vocalise, effectue des piétinements avec les membres postérieurs, se roule sur le sol, se frotte aux meubles, fait du marquage urinaire, devient plus câline et moins agressive envers les mâles. Elle s'aplatit de l'avant, relève la croupe et place sa queue sur le côté quand on lui gratte le dos. Elle tolère le chevauchement, mais n'accepte pas encore le coït. Attirés par les phéromones sexuelles, les mâles accourent et des bagarres éclatent.

> Période d'acceptation de la saillie (œstrus). Elle dure en moyenne 10 jours pour les chattes européennes, mais elle

est plus courte chez les races persanes et plus longue chez les races orientales. La chatte dite « en chaleur » adopte, au contact du mâle, une posture de réceptivité (relèvement de la croupe, déviation de la queue) et se laisse saillir.

VOIR > **ACCOUPLEMENT** P. 296, **MARQUAGE URINAIRE SEXUEL** P. 113, 323, **PHÉROMONES** P. 328, **PUBERTÉ** P. 332, **RIVALITÉ MASCULINE** P. 338, **STÉRILISATION FEMELLE** P. 278

CHASSE Activité instinctive perfectible grâce à des exercices et à l'observation attentive de notre mère.

• **LA SITUATION TYPE :** la chatte ramène une proie morte à ses chatons.
• **CE QUE PENSE LA CHATTE :** « *Entraînez-vous à devenir de bons chasseurs.* »

L'avis du vétérinaire

Quand les chatons atteignent l'âge de 4 semaines, leur mère, si elle a accès à l'extérieur, leur rapporte des proies mortes pour qu'ils se familiarisent avec leur odeur, leur aspect et leur goût. Elle leur ramène ensuite, vers 8 semaines, des proies vivantes préalablement étourdies. Sans danger, les chatons s'exercent à les attraper, à les mettre à mort et à les dévorer. À partir de 9 semaines, les chatons poursuivent leur apprentissage en observant sur le terrain leur mère en train de chasser. À 3 mois, ils sont capables de chasser seuls et peuvent subvenir à leurs besoins. L'instinct de chasse du chat semble être cependant inscrit dans ses gênes. En effet, des chatons élevés sans contact avec des proies sont capables de se mettre à chasser s'ils y sont contraints par la faim. Malgré tout, si vous voulez faire de votre chaton un chasseur hors pair, laissez-le en compagnie de sa mère chasseuse jusque l'âge de 4 mois.

VOIR > **CHASSE** P. 40, 212, **SOURIS** P. 277, 340, **SYNDROME DU TIGRE** P. 174

Mais qu'est-ce
qu'on va faire
de lui ?
Souris
Campagnol
Musaraigne

CHAT DES RUES **Chat sans domicile fixe, souvent porteur de maladies, aimant squatter les maisons habitées.**

• **LA SITUATION TYPE :** le chat de la maison se met à éternuer quelques jours après l'arrivée sous son toit d'un chat des rues.
• **CE QUE PENSE LA CHATTE :** *« Partager mon territoire, c'est déjà difficile. Et en plus, il me refile ses maladies ! »*

L'avis du vétérinaire

Pour s'introduire chez un chat résidant, le chat des rues a plusieurs techniques. Il peut emprunter la chatière, passer par la fenêtre ou alors utiliser tous ses charmes (et ils sont nombreux !) pour apitoyer le propriétaire des lieux. Dans tous les cas, ne vous précipitez pas pour ouvrir votre maison à un chat errant. Votre chat risque de ne pas l'accepter sur son territoire mais aussi de contracter ses maladies, en particulier le coryza, et ses parasites (puces, vers). Pour ne pas compromettre la santé de votre chat, faites passer au préalable au chat demandeur d'asile un examen médical, en particulier un test pour vérifier qu'il n'est pas porteur de la leucose ou du virus de l'immunodéficience féline (FIV). Vaccinez-le, vermifugez-le, traitez-le contre les puces et, le cas échéant, faites-le stériliser. Si votre chat n'est pas vacciné, faites-lui faire ses vaccins. Ensuite, il n'y aura plus qu'à faire les présentations en espérant que votre chat accueille à pattes ouvertes le nouveau venu !

VOIR > **CHATIÈRE** P. 44, **COHABITATION** P. 215, **CORYZA** P. 50, **RIVALITÉ MASCULINE** P. 338, **TERRITOIRE** P. 176

COHABITATION Partage souvent conflictuel d'un territoire entre plusieurs chats.

• **LA SITUATION TYPE :** le chat poursuit un nouveau venu qui se cache sous le buffet.
• **CE QUE PENSE LE CHAT :** « *Ici, c'est chez moi, va voir ailleurs !* »

L'avis du vétérinaire

Le chat est un animal territorial plutôt solitaire, qui n'apprécie pas la présence d'intrus sur son territoire. Lorsque vous ramenez un nouveau chat chez vous, vous l'obligez, sans lui demander son avis, à partager son territoire, ce qu'il fait rarement de gaieté de cœur. Au départ, les bagarres avec le nouveau venu sont fréquentes, chacun reste sur ses gardes et épie l'autre. Puis, si personne n'intervient, ils finissent généralement au bout de quelques semaines (1 mois en moyenne) par trouver une sorte de *gentlemen's agreement* pour se partager le territoire. Ils peuvent même finir par dormir ensemble. Il arrive aussi que les chats n'arrivent pas à s'accorder et que la situation dégénère. On distingue alors clairement un agresseur et un agressé. Le premier, anxieux, surveille constamment l'autre et le repousse dans une partie du territoire. L'autre, également anxieux, voire dépressif, ne sort plus de sa cachette, sauf en l'absence du premier. À ce stade, seule la médicalisation des deux chats peut résoudre la situation.

VOIR > AGRESSION P. 12, 298, ANXIÉTÉ P. 26,
COHABITATION (AVEC UN AUTRE CHAT) P. 215,
HIÉRARCHIE P. 320, TERRITOIRE P. 176

VOUS N'AUREZ PAS LA PLACE ET LE DOMAINE.

DÉTACHEMENT Prise d'autonomie consécutive à la rupture progressive du lien maternel.

- **LA SITUATION TYPE :** la chatte repousse son petit qui mordille ses mamelles.
- **CE QUE PENSE LA CHATTE :** « *Tu es grand maintenant, va-t'en !* »

L'avis du vétérinaire

Pour prendre leur autonomie, les chatons doivent rompre le lien exclusif qui les unit à leur mère. Cela commence au début du sevrage, vers la 4e semaine, à cause de la pousse des premières dents de lait. La mère supporte de moins en moins la tétée. Elle évite de se mettre en position d'allaitement et repousse d'une tape sur le nez le chaton trop pressant. Elle passe moins de temps avec sa portée et se réfugie dans des lieux inaccessibles. Le détachement est beaucoup plus rapide que chez le chien. Il est brutal et précoce (5-6 semaines) chez les chattes des rues ou de la campagne qui enchaînent les gestations. Il est plus tardif (8-12 semaines) et progressif chez les chattes familières, en particulier les siamoises. Elles donneront des chatons beaucoup plus câlins. Une fois détaché de sa mère, le chaton, contrairement au chien qui s'attache à son groupe, va reporter l'essentiel de son attachement à son territoire et commencer à y déposer ses marques. Cela ne l'empêche pas de maintenir des relations affectives avec certains membres de sa famille et d'en tisser de nouvelles avec d'autres individus (animaux ou humains).

VOIR > **ATTACHEMENT** P. 306, **DÉTACHEMENT** P. 224, **ENVIRONNEMENT** P. 63, **MAMELLES** P. 322, **MARQUAGE FACIAL** P. 110, **SEVRAGE** P. 276, **TERRITOIRE** P. 176

GROS DOS Position caractéristique que nous prenons pour paraître plus impressionnant face à un adversaire.

• **LA SITUATION TYPE :** le chat fait le gros dos face à un chien inconnu.
• **CE QUE PENSE LE CHAT :** « *N'approche pas ou… gare à toi !* »

L'avis du vétérinaire

Le gros dos est la posture la plus reconnaissable du chat. Elle est utilisée pour impressionner un adversaire. Le chat se présente de biais pour être plus visible. Il se déplace en crabe, les pattes raides et le dos arqué pour paraître plus grand. Son poil est hérissé et sa queue ébouriffée pour avoir l'air plus gros. Il a la tête enfoncée dans les épaules, les pupilles rétrécies et les oreilles aplaties sur le côté. Il feule sur son ennemi, la gueule ouverte et les dents découvertes. S'il s'agit d'un chien et qu'il ne se montre guère impressionné, le chat passe à l'attaque ou s'enfuit en courant. Dans ce dernier cas, le pauvre chat n'a plus qu'à battre le chien à la course ou se réfugier dans les hauteurs pour échapper aux crocs de son poursuivant. Tous les chats n'ont pas la chance de posséder un pelage qu'ils peuvent gonfler à l'envie. Le chat sphynx est entièrement nu, mis à part un fin duvet sur le corps et quelques poils éparpillés sur la face, les pieds, la queue et les testicules. C'est peut-être pour cela qu'il n'est jamais agressif.

VOIR > AGRESSION DE DISTANCEMENT P. 300, ARBRE P. 304, DISTANCE CRITIQUE ET DISTANCE DE FUITE P. 58, FEULEMENT ET CRACHEMENT P. 230, QUEUE P. 150

HIÉRARCHIE Organisation sociale qui permet de limiter les conflits entre chats partageant un même territoire.

• **LA SITUATION TYPE :** le chat quitte la cuisine à l'approche de son congénère.
• **CE QUE PENSE LE CHAT :** « *Ici, tu es prioritaire, je te laisse donc la place.* »

L'avis du vétérinaire

L'homme contraint parfois des chats d'origines différentes à vivre en groupe et dans un espace réduit (appartement). Une organisation est alors indispensable pour que la cohabitation s'effectue sans trop de heurts. Mais, contrairement au chien, il n'existe pas dans un groupe de chats de structure hiérarchique claire et stable avec des dominants qui cumulent tous les privilèges (alimentation, espace, sexualité, gestion des contacts) et des dominés qui respectent les prérogatives des dominants. La dominance entre chats est relative. Elle varie en fonction du temps et du lieu. Un chat occupant le haut de l'armoire de 15 à 16 heures laissera sa place aux autres le reste du temps. Un chat prioritaire pour l'accès à la nourriture cédera sans difficulté le meilleur endroit sur le mur du jardin. Toutefois, l'équilibre obtenu grâce à cette organisation bien huilée peut être chamboulé suite à un déménagement, un changement de mobilier, au départ ou à l'arrivée d'un nouveau membre. Il peut, par exemple, être mis à mal par l'introduction d'un petit chef qui revendique tous les privilèges, quitte à se bagarrer pour les obtenir.

VOIR > **AGRESSION COMPÉTITIVE** P. 298, **APPARTEMENT** P. 30, **COHABITATION** P. 215, 314, **DÉMÉNAGEMENT** P. 52, **ORDRE** P. 256

MAMELLES Partie douillette, chaude, rassurante et pleine de bon lait du corps de la maman chatte.

- **LA SITUATION TYPE :** le chaton de 3 semaines revient se blottir contre les mamelles de sa maman.
- **CE QUE PENSE LE CHATON :** « *Ici, l'odeur est rassurante.* »

L'avis du vétérinaire

Pendant l'allaitement, les glandes sébacées, présentes dans le sillon intermammaire, produisent une phéromone d'apaisement (apaisine). Celle-ci favorise l'attachement et permet au chaton, lorsqu'il commence à faire ses premiers pas en dehors du nid maternel, de retrouver calme et sérénité après avoir été exposé à de nouvelles stimulations. Grâce à sa mère et à son odeur rassurante, le chaton va trouver le courage de partir à la découverte du monde et faire ses premières expériences. Plus il en aura fait, plus il sera capable de s'adapter à son futur environnement.
Si votre chatte a subi une césarienne, ne nettoyez pas ses mamelles, et limitez au maximum l'utilisation de produits antiseptiques. Séchez les chatons avec un chiffon imprégné de l'odeur de leur mère et placez-les dans le nid avant son réveil. Vous réduirez ainsi le risque de désintérêt de la chatte pour sa portée.

VOIR > ATTACHEMENT P. 306, ENVIRONNEMENT P. 63, MISE BAS P. 248, ODEUR CORPORELLE P. 324, PHÉROMONES P. 328

MARQUAGE URINAIRE SEXUEL **Trace d'urine laissée sur un support vertical afin de prévenir mes congénères de mon activité sexuelle.**

- **LA SITUATION TYPE :** la chatte en chaleur urine sur le coin du portail qui mène au jardin.
- **CE QUE PENSE LA CHATTE :** « *J'ai envie d'un beau mâle.* »

L'avis du vétérinaire

Le marquage urinaire sexuel est un comportement bien connu au moment de la période de reproduction. Le chat s'approche d'un support vertical (arbre, poteau…), le flaire, se frotte la joue dessus, puis se retourne, dresse sa queue qui se met à trembler et projette un jet d'urine horizontal. Les urines émises sentent particulièrement fort et contiennent des phéromones sexuelles. En venant renifler ces marques, tous les chats en âge de se reproduire sont prévenus de la présence d'un partenaire sexuel.
Le marquage urinaire sexuel est activé au moment de la puberté sous l'influence des hormones sexuelles. Il apparaît chez la femelle au moment des chaleurs. Il est stimulé chez le mâle par la présence de femelles en chaleur. Il est plus fréquent chez les mâles (entiers) que chez les femelles. La stérilisation précoce évite l'apparition de ce comportement de marquage sexuel.

VOIR > **CHALEURS** P. 308, **FLEHMEN** P. 70, **MARQUAGE** P. 108, **MARQUAGE URINAIRE RÉACTIONNEL ET SEXUEL** P. 112 ET 113, **PHÉROMONES** P. 328, **PUBERTÉ** P. 332, **STÉRILISATION FEMELLE ET MÂLE** P. 278 ET 279

ODEUR CORPORELLE Parfum propre à chaque individu et qui permet son identification.

• **LA SITUATION TYPE :** le chat agresse son congénère qui revient du toilettage.

• **CE QUE PENSE LE CHAT :** *« Tu ne fais pas partie de ma bande ! »*

L'avis du vétérinaire

En se frottant les uns contre les autres, les chats habitant sous le même toit ou partageant des champs territoriaux échangent leurs phéromones. Ce mélange crée une odeur commune qui facilite les relations sociales et renforce la cohésion du groupe. Ce marquage s'estompe avec le temps et doit être entretenu par des frottements réguliers. Suite à une hospitalisation, un séjour en pension ou à un shampooing, le chat perd son odeur de groupe. Lorsqu'il revient dans son foyer, les chats avec qui il entretenait des liens d'amitié ont alors du mal à le reconnaître. Ils peuvent même parfois se montrer agressifs avec cet individu d'odeur étrangère. Heureusement, après quelques heures d'observation et une séance de frottements et de léchages mutuels, le nouvel arrivant finit par reprendre sa place dans le groupe.

VOIR > **AGRESSION** P. 12, 298, **BAIN** P. 206, **COHABITATION** P. 215, 314, **HOSPITALISATION** P. 236, **MARQUAGE FACIAL** P. 110, **PENSION** P. 259, **PHÉROMONES** P. 328, **TERRITOIRE** P. 176, **TOILETTAGE** P. 180, 292, **TOILETTAGE MUTUEL** P. 342

Le premier qui rigole...

OUÏE Sens très développé qui nous permet d'entendre des ultrasons inaudibles par l'homme et le chien.

• **LA SITUATION TYPE :** le chat, aux aguets, devant un tas de bûches.
• **CE QUE PENSE LE CHAT :** « *Toi, la souris, inutile de te cacher : je t'ai entendue !* »

L'avis du vétérinaire

Le chat est un chasseur à l'oreille fine. Son audition est largement supérieure à celle de l'homme mais aussi du chien. Il est sensible aux fréquences ultrasoniques allant jusqu'à 64 KHz, alors que le chien est sourd au-delà de 45 KHz et l'homme de 20 KHz. Cette ouïe hors du commun lui permet de déceler de loin aussi bien le bruit du paquet de croquettes ou de l'ouvre-boîte (très utile pour faire revenir rapidement le chat à la maison) que les ultrasons émis par les petits rongeurs dans leurs cachettes. Ses oreilles, mobiles à 180°, lui permettent de capter le moindre bruit, mais aussi de repérer, avec une grande précision, leur source. C'est un atout indispensable pour situer les rongeurs dans l'obscurité. La surdité touche plus de 80 % des chats blancs aux deux yeux bleus. Elle est 2 fois plus fréquente que chez les chats blancs avec un seul œil bleu et 4 fois plus que chez les chats blancs aux yeux d'une autre couleur. Ce handicap les rend plus vulnérables aux accidents de la circulation. Il est donc préférable de limiter leur territoire à des lieux sécurisés.

VOIR > **CHASSE** P. 40, 212, 310, **OREILLE** P. 130, **SOURIS** P. 340

C'est pas bientôt fini, tout ce boucan ? Ou j'appelle la Police !

PHÉROMONES Substances chimiques qui transmettent des informations et agissent sur notre comportement.

• **LA SITUATION TYPE :** le chat renifle la table du vétérinaire imprégnée des phéromones du précédent chat qui a eu très peur.
• **CE QUE PENSE LE CHAT :** « *Cet endroit n'est vraiment pas fréquentable.* »

L'avis du vétérinaire

Les phéromones sont des substances chimiques volatiles produites par des glandes situées sur les joues, le menton, les mamelles, entre les coussinets, autour de l'anus et présentes dans de nombreuses sécrétions (salive, urine, excréments, sécrétions vaginales). Elles sont déposées par le chat dans le milieu extérieur et sur les êtres vivants. Plus que de simples odeurs, les phéromones véhiculent des informations à l'attention du chat récepteur. Elles sont détectées par un organe olfactif particulier (l'organe voméro-nasal) et agissent sur les sécrétions hormonales et le comportement du chat récepteur. Leur nature dépend de l'état du chat au moment où il les a émises. Il existe différents types de phéromones, chacune ayant une fonction particulière.
> **Les phéromones d'alarme** émises dans les urines, les sécrétions des glandes anales et des glandes situées entre les doigts. Elles sont déposées dans les situations de stress et transmettent la peur aux autres chats.
> **Les phéromones sexuelles** émises dans les urines et les sécrétions sexuelles. Elles permettent le rapprochement des sexes.

> *Les phéromones d'allomarquage* émises par les glandes faciales et déposées sur les êtres familiers (humains, animaux). Elles favorisent les relations sociales et limitent les agressions.
> *Les phéromones territoriales* émises par les glandes faciales, les urines et les glandes situées entre les doigts. Elles rassurent le chat dans son environnement, balisent le territoire et signalent l'occupation d'un lieu.
> *Les phéromones d'attachement* émises par la mère allaitante et ses chatons. Elles favorisent l'attachement réciproque des chatons et de leur mère.

Les phéromones faciales du chat ont fait l'objet d'études approfondies. Synthétisées en laboratoire, elles sont utilisées pour favoriser la cohabitation avec un nouveau chat (phéromones d'allomarquage) et pour sécuriser le chat suite à un déménagement ou au cours d'un transport (phéromones territoriales apaisantes).

VOIR > **ATTACHEMENT** P. 306, **COHABITATION** P. 215, 314, **DÉMÉNAGEMENT** P. 52, **ENVIRONNEMENT** P. 63, **FLEHMEN** P. 70, **GRIFFES** (FAIRE SES) P.79, **MAMELLES** P. 322, **MARQUAGE D'ALARME, FACIAL, URINAIRE RÉACTIONNEL ET SEXUEL** P. 108, 110, 112 ET 113, 323, **STRESS** P. 280, **TERRITOIRE** P. 176

PROPRETÉ Qualité qu'on nous reconnaît unanimement et fort appréciée des humains.

• **LA SITUATION TYPE :** le chaton suit sa mère dans la litière.
• **CE QUE PENSE LE CHATON :** « *C'est un endroit idéal pour faire ses besoins.* »

L'avis du vétérinaire

Jusqu'à l'âge de 3 semaines, le jeune chaton est incapable de faire ses besoins seul. Pour cela, sa mère le retourne sur le dos après l'avoir toiletté et lui lèche la région périnéale afin d'induire le réflexe d'élimination. Elle absorbe ensuite les déjections pour maintenir le nid bien propre. Elle évite ainsi d'attirer les prédateurs et limite la contamination parasitaire.
Si vous recueillez un chaton nouveau-né, vous devrez, après chaque tétée, remplacer les séances maternelles de léchage en massant délicatement avec un linge humide et tiède la partie postérieure de son abdomen. À partir de 1 mois, les chatons suivent leur mère dans la litière et commencent à gratter pour recouvrir leurs besoins. Très curieux, il leur arrive parfois d'ingérer un peu de litière. À 2 mois, ils sont parfaitement propres.
Pour apprendre à un chaton orphelin à utiliser la litière, maintenez-le dans une petite pièce, de préférence carrelée (car inconfortable pour éliminer et facile à nettoyer), avec un bac ouvert rempli de litière propre, ses gamelles et son couffin. Une fois qu'il sera propre, laissez-lui l'accès au reste de votre habitation.

VOIR > LITIÈRE P. 98, LITIÈRE (BAC À) P. 101, PROPRETÉ P. 148

J'ai fini, maman !
Bonsaï

PUBERTÉ Étape de notre développement se traduisant par un besoin de séduction et une irrésistible attirance pour le sexe opposé.

• **LA SITUATION TYPE 1 :** la jeune chatte se met à vocaliser et à uriner partout, attirant tous les mâles du quartier.
• **CE QUE PENSE LA CHATTE :** « *Je me sens toute excitée !* »

L'avis du vétérinaire

Les premières chaleurs marquent le début de la puberté de la chatte. Elles apparaissent entre 4 et 12 mois. La date de leur apparition dépend de plusieurs facteurs :
> Du poids de l'animal, qui varie de 2 à 2,5 kg.
> De la race : entre le 4e et le 6e mois pour les races siamoises, orientales et burmeses, entre le 6e et le 9e mois pour les races européennes, à 1 an et plus pour les races persanes.
> De la saison : les chattes atteignant l'âge de la maturité sexuelle à la fin de l'été ont une puberté précoce, alors que celles l'ayant entre octobre et décembre (période de repos sexuel) voient leurs premières « chaleurs » reportées au printemps.
Contrairement au mâle, dont le comportement change radicalement à la puberté, celui de la femelle est peu modifié en dehors des chaleurs. L'odeur de ses urines, perceptible par le nez humain, ne change pas non plus.

VOIR > CHALEURS P. 308, MARQUAGE URINAIRE SEXUEL P. 113, 323, ODEUR DES URINES P. 122, STÉRILISATION FEMELLE P. 278

• **LA SITUATION TYPE 2 :** le jeune chat mâle, détectant dans le quartier une femelle en chaleur, fait une fugue de plusieurs jours.
• **CE QUE PENSE LE CHAT :** « *Cette odeur irrésistible m'attire.* »

L'avis du vétérinaire

La puberté du mâle se traduit par une augmentation de la production d'hormones sexuelles par les organes génitaux (testicules). Elle apparaît entre 8 et 10 mois, lorsque le mâle pèse entre 3 et 3,5 kg. Le chat se muscle, ses bajoues se développent, des papilles cornées apparaissent sur son pénis, sa voix et son odeur se modifient. Il commence à produire des phéromones sexuelles, son urine se charge en félinine et prend une odeur caractéristique. Son comportement change, il se met à vagabonder, à marquer son territoire pour signaler sa présence et se bagarre avec ses rivaux. Son activité sexuelle varie en fonction des saisons. Elle diminue lorsque les jours raccourcissent (automne-hiver) et augmente dès que les jours rallongent (printemps). Le chat est un « amant » volage et solitaire. Il multiplie les conquêtes sans s'intéresser à sa progéniture, dont il laisse l'éducation à « sa partenaire d'un soir ». La castration, vers l'âge de 6-7 mois, prévient le changement de comportement du mâle et l'apparition de l'odeur forte des urines. Au-delà, l'effet sur l'odeur est radical, mais le chat peut garder son tempérament.

VOIR > MARQUAGE URINAIRE SEXUEL P. 113, 323, ODEUR DES URINES P. 122, PHÉROMONES P. 328, RIVALITÉ MASCULINE P. 338, STÉRILISATION MÂLE P. 279, TERRITOIRE P. 176

REGARD Expression mystérieuse de nos yeux qui déchaîne depuis toujours l'imagination des humains.

• **LA SITUATION TYPE :** le chat fixe son congénère dans les yeux, les pupilles contractées, le poil hérissé.
• **CE QUE PENSE LE CHAT :** *« Je suis en colère ; si tu approches, gare à toi ! »*

L'avis du vétérinaire

Les yeux des chats ne sont pas seulement beaux, ils dévoilent aussi leurs sentiments. Pour éviter les méprises, l'interprétation du regard doit tenir compte des autres moyens d'expression corporelle.
> Les yeux fixes, les pupilles contractées, plongés dans les yeux d'un congénère qui s'aventure sur son territoire : « Passe ton chemin, ou attention à toi ! »
> Les yeux détournés, en passant près d'un congénère : « N'aie crainte, je ne cherche pas la bagarre. »
Les variations du diamètre pupillaire, en dehors des variations normales dues à la lumière, traduisent aussi l'état émotionnel du chat. La dilatation de la pupille est un signe de peur, de joie ou de douleur, le rétrécissement, un signe de colère.
Si vous voulez attirer un chat vers vous, évitez de le regarder droit dans les yeux : il se sentirait agressé. Au contraire, détournez le regard et vous le verrez, rassuré sur vos intentions, arriver tranquillement vers vous. C'est pour cette raison que, la plupart du temps, les chats ont la fâcheuse habitude de s'approcher des

personnes qui les apprécient le moins, car ce sont elles qui les boudent le plus du regard !

VOIR > **AGRESSION** P. 12, 298, **APAISEMENT** P. 302, **DOULEUR** P. 60, **TERRITOIRE** P. 176, **VUE** P. 192

RITUEL **Comportement bien codifié permettant une meilleure communication entre chats.**

• **LA SITUATION TYPE :** le chat face à un congénère agressif détourne le regard et se fait tout petit en signe d'apaisement.
• **CE QUE PENSE LE CHAT :** « *Calme-toi, je ne te veux aucun mal.* »

L'avis du vétérinaire

Les rituels sont des séquences stéréotypées d'actes issus de la vie courante (locomotion, alimentation, élimination, défense...), qui ont valeur de messages. C'est pendant la période de socialisation, au cours des jeux avec d'autres chatons et au contact de chats adultes, que le chaton apprend les postures, les mimiques et les rituels de communication. Ceux-ci lui permettront plus tard de communiquer sans ambiguïté avec ses congénères et limiteront les bagarres. Un chaton unique, sevré précocement ou abandonné, aura beaucoup de lacunes en matière de langage félin. Incapable de parler chat correctement, il aura des difficultés à s'insérer dans un groupe. Si vous recueillez un chaton abandonné et que vous l'élevez sans aucun contact avec d'autres chats, mieux vaut éviter de le faire cohabiter une fois adulte avec un de ses congénères : sinon, gare à la bagarre !

VOIR > APAISEMENT P. 302, COHABITATION (AVEC UN AUTRE CHAT) P. 215, PÉRIODE DE SOCIALISATION P. 260, RITUEL P. 162, RIVALITÉ MASCULINE P. 338

Chez nous,
ça ne se fait
pas !

RIVALITÉ MASCULINE Compétition entre deux chats qui se disputent une femelle en chaleur.

• **LA SITUATION TYPE :** le mâle, attiré par une femelle en chaleur, se bagarre avec un rival arrivé avant lui sur les lieux.
• **CE QUE PENSE LE CHAT :** « *Cette femelle est pour moi !* »

L'avis du vétérinaire

Les bagarres entre chats entiers pour la conquête des femelles en chaleur sont très fréquentes au printemps. Avant de s'affronter, les rivaux commencent d'abord par s'intimider. Face à face, les yeux dans les yeux, ils vocalisent à tout va, le poil ébouriffé pour paraître plus gros. Si aucun ne capitule, les adversaires s'affrontent à coups de griffes et de dents dans un corps-à-corps impressionnant. Les hostilités prennent fin lorsque l'un des deux s'enfuit. Le fuyard, s'il n'arrive pas à distancer son adversaire, se voit parfois infliger des morsures au niveau de la base de la queue, et parfois même des testicules. La castration réduit le taux d'hormones sexuelles circulantes et supprime ce type d'agressivité dans 80 % des cas. Au cours de ces joutes viriles, les blessures sont inévitables. Elles sont propices à la formation d'abcès douloureux et à la transmission du virus de l'immunodéficience féline. 15 % des chats libres seraient infectés. Une fois le chat contaminé, l'infection, irrémédiablement mortelle, évolue lentement sur plusieurs années.

VOIR > ABCÈS P. 10, AGRESSION COMPÉTITIVE P. 298, CHALEURS P. 308, GRIFFE (COUP DE) P. 78, MORSURE P. 250, PUBERTÉ P. 332, STÉRILISATION MÂLE P. 279

Abélard !
C'est toi qu'a sorti
la Ginette ?
Moi ?
Pas du
tout !
C'était en tout
bien tout honneur.
VIVRE
EN
ÉTANT
CASTRÉ

SOURIS Petit rongeur dont la traque et la capture constituent l'une de nos principales activités.

• **LA SITUATION TYPE :** le chat, à la tombée de la nuit, tapi derrière un bosquet regarde fixement un endroit du jardin.
• **CE QUE PENSE LE CHAT :** « *Toi, la souris, je t'ai vue, sentie et entendue ! Tu ne perds rien pour attendre !* »

L'avis du vétérinaire

Le chat est un chasseur solitaire. Il repère sa proie à la vue, l'odeur et le bruit, puis s'en approche à pas feutrés, le corps au ras du sol, la tête basse tendue vers l'avant et les yeux fixés sur son objectif. Arrivé à portée de sa proie, il s'arrête, redresse légèrement son postérieur, se met à piétiner le sol des pattes postérieures comme s'il cherchait les meilleurs appuis et remue la queue en signe d'excitation. Il saute enfin sur sa proie, toutes griffes dehors, et la saisit avec ses pattes antérieures. Avant de lui donner le coup fatal, il la laisse souvent s'échapper, puis la rattrape dans un jeu d'apparence cruel. Complètement étourdie, la malheureuse victime, incapable de se défendre, est achevée d'un coup de crocs mortel porté au niveau de la nuque. Le taux de capture varie en fonction de la proie et de l'entraînement du chat. En moyenne, un chat capture une proie sur 5. Comme il faut environ 12 souris par jour pour couvrir les besoins alimentaires d'un chat adulte, la chasse occupe la plus grande partie de son activité.

VOIR > **CHASSE** P. 40, 212, 310, **OUÏE** P. 326, **SOURIS** P. 277, **VUE** P. 192

TOILETTAGE MUTUEL **Comportement hygiénique servant à renforcer une amitié entre nous ou, au contraire, à faire passer une colère.**

- **LA SITUATION TYPE :** deux chats amis depuis toujours se lèchent mutuellement.
- **CE QUE PENSE LE CHAT :** « *Toi, tu fais partie de ma bande.* »

L'avis du vétérinaire

Le toilettage mutuel est fréquent entre chats colocataires. Ce petit rituel hygiénique est une façon pour eux de se témoigner mutuellement leur affection, de renforcer leur amitié et de mélanger leurs odeurs, un peu comme la mère qui toilette ses chatons. Il a également une fonction pratique en participant à l'entretien de certaines zones difficiles à atteindre, comme la tête et le cou. Le léchage peut aussi avoir lieu dans le cadre d'une agression. Plutôt que d'attaquer son congénère, le chat choisit de le lécher. Le léchage est alors plus appuyé. Si le chat léché se débat et n'accepte pas ce toilettage forcé, il subira l'agression. De la même manière, lorsqu'un chat lèche son maître, il lui témoigne soit son affection, soit son mécontentement. Tout dépend du contexte. Il en est sans doute de même lorsque le maître brosse ou caresse son chat. Allez-y donc en douceur.

VOIR > **AGRESSION** P. 12, 298, **CARESSE** P. 210, **MARQUAGE FACIAL** P. 110, **ODEUR CORPORELLE** P. 324, **PÉRIODE DE SOCIALISATION** P. 260, **RITUEL** P. 162, 336, **TERRITOIRE** P. 176, **TOILETTAGE** P. 180, 292

N'oubliez pas derrière les oreilles !

TRANSPORT DES CHATONS Manière dont la chatte se déplace avec ses petits.

• **LA SITUATION TYPE :** la chatte ramène au nid, par la peau du cou, l'un de ses chatons égaré.
• **CE QUE PENSE LA CHATTE :** *« Sois rassuré, maman te ramène au nid. »*

L'avis du vétérinaire

Pendant les premières semaines de la vie des chatons, la mère passe le plus clair de son temps avec eux. Elle les réchauffe, les nourrit et les lèche consciencieusement pour les nettoyer et déclencher la vidange de leur vessie et la défécation. Progressivement, les petits commencent à quitter le nid pour explorer leur environnement. Si l'un d'entre eux s'égare, il se met à crier pour appeler sa mère. Celle-ci accourt, le saisit par la peau du cou et le ramène au bercail. Cette prise provoque un réflexe d'immobilisation chez le chaton et facilite son transport. De même, lorsque la chatte ne se sent plus en sécurité, elle saisit un par un tous ses petits pour les transporter dans un lieu plus sûr. Pour éviter un déménagement inutile, attendez quelques jours avant de nettoyer à fond le nid de votre chatte. Cette prise par le cou est aussi utilisée par le vétérinaire pour immobiliser un chat lorsqu'il l'examine, lui administre un médicament ou lui fait une injection. Elle n'est, hélas, pas toujours efficace, en particulier chez les chats entiers.

VOIR > ENVIRONNEMENT P. 63, MÉDICAMENT P. 244, MISE BAS P. 248, TEST DE RÉACTIVITÉ P. 286, VÉTÉRINAIRE P. 186

VACANCES (RETOUR DE) Période redoutée par le chat, surtout lorsque sa propriété attise la convoitise.

• **LA SITUATION TYPE :** le chat de retour de vacances se retrouve dans son jardin nez à nez avec le chat du voisin.
• **CE QUE PENSE LA CHATTE :** « *Fous-moi le camp : ici, c'est chez moi !* »

L'avis du vétérinaire

Le chat est un animal territorial. Chaque jour, il fait le tour de sa propriété et ravive ses marques (griffade, marquage facial, marquage urinaire) afin que les chats des alentours sachent que la place est occupée. S'il part 15 jours en vacances, certaines de ses marques vont s'effacer laissant croire aux chats du voisinage que le champ est libre, surtout si un nouveau chat a emménagé et qu'il ne connaît pas les us et coutumes du quartier. De retour sur son territoire, le chat reposé n'a souvent qu'une seule idée en tête : faire le tour du propriétaire pour rafraîchir ses marques territoriales. S'il s'aperçoit que le chat du voisin en a profité pour annexer une partie de son jardin, il lui fera comprendre par le verbe et/ou la force qu'il n'est pas chez lui. De quoi lui faire regretter ses vacances, un peu comme le propriétaire qui retrouve sa maison cambriolée à son retour.

VOIR > **PHÉROMONES** P. 328, **TERRITOIRE** P. 176, **VACANCES** P. 184

NI LIEU
NI MAÎTRE

1
2
3
4
5
6
7

Réponses : 1:C, 2:F, 3:B, 4:D, 5:E, 6:G, 7:A

Index

R

S

T

U V

Z

Le docteur Jean Cuvelier remercie Véronique, Guillaume, Delphine, Céline et Cyril pour leur aide précieuse, et tous ses amis animaux qui n'ont pas fini de l'étonner.

Photogravure IGS-CP, 16 L'Isle d'Espagnac
Imprimé en Espagne par Macrolibros, Valladolid
Dépôt légal : juin 2013
311486/01-11022101 mai 2013